幸せな人だけが知っている

シンプルな生き方

suzuki manami
鈴木真奈美

PHP

今、手放したいものはありますか？

持たない暮らし、しなやかな思考、疲れない生き方。

そもそも、すべてはシンプルです。

人生は手放すほどに、うまくいきます。

はじめに

目が覚めた時に、「あー、幸せだなぁ」と思える朝を迎えていますか？
あたたかいご飯を、笑顔で食べていますか？
夜眠る時に、「あー、今日もよくがんばった♪」と、不安なく、すぐに眠りにつけますか？

本当の幸せって、シンプルです。

人生にとって本当に必要なモノや人は、ごくわずか。合わないモノを手放し、心地よいモノを中心に生きる時、長い間、思い悩んでいたことやトラブルがなくなり、「思いもよらない幸運」が舞い込んできます。

でも――

・広がりすぎてしまった、疲れる人間関係
・そこそこ安定しているけれど、ストレスのたまる仕事
・いい学校、理想の仕事、恵まれた結婚や子供という幸せのお手本
・将来への漠然とした不安や過去への後悔、嫉妬などのネガティブな感情
・心を乱され、振り回されてしまう、あふれる情報
・ときめかないモノや住まいのインテリア

手放して、解放されたら、スッキリ楽になるだろうなぁと、わかりつつ、あれもこれもと握りしめ、仕事も人間関係も「いっぱいいっぱい」になってしまうのは、どうしてでしょうか？

「手放したら、もう、これ以上のものは入ってこない」
「嫌われたくない」「がんばらないと、幸せはやってこない」
「やめたほうがいいとわかっていても、感情が邪魔して、なかなかやめられない」

そんな不安や恐れが根本にあるから、握りしめた手を開けないのです。

こんにちは。鈴木真奈美です。本書を手にとってくださり、本当にありがとうございます。あなたと出会えたことに、心から感謝しています。

私は現在、コーチングを中心に、講演やセミナーを開催しながら、使命（生まれてきた意味）や魅力・才能を引き出すお手伝いをしています。

ありがたいことに、現在、個人セッションは1800人以上の方が、予約待ちという状態です。これまで1万人以上の方に接する中で、多くの方が、前述のような悩みを抱えていることに気づきました。

一番大切なことは、がんばって、より多くのものを獲得するのではなく、必要なものを見極め、心地よいものだけを残す「手放す生き方」です。

毎日、たくさんの方に接する中で、驚くほどの奇跡もどん底も見てきました。その中で、私が、強く確信したことは、

不要なもの、合わない人を手放すと、もっといいものがやってくる、ということ。
幸運は余白ができた時に、初めて訪れます。

そして、どんなに手放しても、本来、宇宙はあなたを困らせないのです。

一生懸命がんばらなくても、シンプルになるほど、望んだ現実がぐんぐん集まってきます。だから、あれもこれもと、不安から握りしめ、取り込まなくていいのです。「まだ足りない」「安心できない」とあせって、がんばっている間は、いくらつけ加えても足りないのですから。

手放すのは物理的なモノだけでなく、心のくせや感情、人間関係や行動パターンです。がんばること、我慢すること、無理すること、背伸びすること、嫌われないように繰り返してきたすべてを一度手放してみると、人生はおもしろいように変わります。

そう、シンプルになるほど、人生は動き出すのです。

本書でいう「幸せな人」は、外側の条件だけを満たした人（社会的に地位のある人、有名な人、お金持ちなど、一般に「すごい」といわれる人）ではありません。**心や身を削った幸せや成功は、本当の幸せとはいえないからです。**

しなやかで、後悔のない生き方をし、内側からわいてくる幸せや豊かさを感じて生きる人を「幸せな人」と、ここでは指します（もちろん、望まなくても、物理的な豊かさは、自然とついてきます）。

幸せで豊かな人生を生きる人たちに共通することは、**シンプルで、いさぎよく、軽やかだということ。**自分の人生に、何が必要で、何がいらないかが、よくわかっているので、迷いも後悔も少ないのです。シンプルな生き方に合わせ、求めなくても、願うことがすんなり叶い、心地よい人ばかりが自然と寄ってくる。まさに究極のエコだと思いませんか？

そんな幸せで豊かな人との出会いの中で、教えていただいたことや、私自身、実践して「本当に効果あり！」と思ったことを、本書では出し惜しみなく、お伝えしていきます。

「すべき」「しなくては」に縛られず、「あれもいい、これもあっていい」という風に思考の枠を広げていくと、心が軽やかに、気持ちが楽になっていきます。いさぎよく、引き算することで、あなたらしさやスタイルが磨かれていきます。

手放す勇気は、あなたの人生を大きく、劇的に変えていきます。

ここから一緒に始めていきましょう。

読み進めるうちに、「生きるって、こんなにも楽で、楽しい♪」という、シンプルな幸せを感じられるようになると思います。幸運の扉は、あなたにもちゃんと用意されています。

さあ、準備はいいですか？

目次

1章 あなたに幸せを運んでくるライフスタイル

～幸運は、余白に訪れる

3章 好きな人ばかりに囲まれて、生きていく
～合わない人に合わせるのは、命の無駄遣い

4章
すべてが思い通りにいく人、いかない人
～「あの人を変えたい」と思った時に、一番効果的な方法

5章　何があっても、宇宙はあなたを困らせない

～「私はきっと大丈夫」と決めると、未来が動き出す

6章　自然と豊かな人生を引き寄せる習慣
～何も足さずに、毎日をていねいに生きること

装　　丁――こやまたかこ
イラスト――小巻
編集協力――白浜みのり
酒井奈美

1章

あなたに幸せを運んでくるライフスタイル

幸運は、余白に訪れる

人生は、シンプルです。
あふれた情報や、広がりすぎた人間関係、心のくせが複雑にしているだけ。

傷つかないよう、嫌われないよう、守りに入っていては、人生はあっという間。
本当に願うものがある時は、あれもこれもやらずに、たったひとつに集中すること。

「しなきゃ」「すべき」を手放し、
「好き」や「心地いい」を優先した方がいい。
自分をごまかさずに、合わないことはやめること。

思い通りにことが進まない時は、
前に進もうとせず、地中に深く、根を下ろすこと。

前からの風が強い時は、欲ばらずに、余分なものを手放して、
身軽になったほうが進みやすい。

不安な時は、一人で握りしめず、誰かに心を開くこと。

周りを気にして、あなた本来の輝きや才能を、抑えないで。
無難にすませず、あなたの素晴らしさを、恐れず表現していこう。

今いる世界での「当たり前」という常識や「こうすべき」という制限は、
外の世界に羽ばたいたら、小さなものだから。

我慢して、がんばらなくていい。あせらなくていい。
失敗してもいい。いくらだって、やり直せるから。

ひとつひとつ手放して、シンプルになると、生きることがもっと楽になっていきます。
背負いすぎず、楽しみながら、豊かに生きていこう。

もっと自分中心の「時間割」のほうがうまくいく

あなたは今、シンプルに生きていますか？「やらなくてはいけないこと」「こうすべきこと」に縛られ、アップアップしていないでしょうか？

シンプルに生きるとは、ただ多くを捨てればいいということではなく、「あなたの幸せに役に立たないものを見極め、手放すこと」です。

ここからあなたと一緒に、シンプルな幸せを探していきたいと思います。

まずは、ライフスタイルから……。

たくさんの人が、やらなくてもいいことを続けて、つい時間を浪費してしまっています。たとえそれが1日1時間だとしても、1年続けると365時間。10年続ければ、3650時間。1年の5分の2（152日）をムダにしていることになります。

なんとなくやっていることで、失うものは意外と大きいのです。

・疲れているから今日は、早く帰って一人でゆっくり過ごしたい。
・将来、独立するために、資格などの勉強をしたい。
・今日こそ、早く家に帰って、部屋を片付けたり、たまっていたことをしたい。

そんな思いがある一方、「飲み会に行くのをやめたいけれど、嫌われたくない」「断ったら、職場で浮いてしまうかも」と誘いを断れず、気づくと予定が次々と埋まってしまい、忙しさに流されてしまう。

そうやって我慢して周りに合わせていたり、「とりあえずの予定」ばかり入れていると、あなたが本来、進むべき道からずずれていきます。

気が乗らない食事のお誘いなど、時間の制約が次々増えていくのは、あなたが断らずに、受け取ってしまっているからです。

時間には限りがあります。
必要でない約束は、ていねいに、やんわりお断りすることです。

最初に「自分との約束」を入れます。

「日曜日の夜は、予定を入れない」「メールをしない時間帯を決める」「飲み会は週1回まで」などです。普段、自分のことを二の次、三の次と後回しにしてしまいがちなら、なおさらです。急に飲み会などの誘いがあっても、心が乗らなければ「自分との約束」を優先するようにしてください。

そんなあなたを見て、周りは「つきあいが悪い」「自分勝手」とか「冷たい」というかもしれません。でも本当にあなたのことを大切に思っている人なら、理解してくれるはずです。気持ちに嘘をついていい人になったり、嫌なことを受け入れ、無駄な時間を使い、後になって「つまらなかった」と思うことのほうが、もったいないことです。

時間＝命そのものです。

誰とどう過ごすかは、すなわち、命をどう使うかということ。大げさな言い方ではなく、今の時間の使い方が、これからのあなたの人生をつくっていきます。

「悪く思われるから」「嫌われたくない」と、他人に合わせていると、あっという間に人生という時間は過ぎていきます。やりたいことをやれるチャンスも失ってしまいます。

「あなた中心」の時間割なら、結局、そんなあなたを尊重してくれる人とのおつきあいが残り、「あなた中心」の人生になっていきます。

他人に合わせるよりも、「自分との約束」を優先する。

「しなくてはいけないこと」は何ひとつない

みんなに合わせ、仲よくしないといけない。
やりがいを持たないといけない。
いつも充実して、輝いていなくてはいけない。
がんばって、夢を叶えなくてはいけない。

長いスパンで人生を見ると、「しなくてはいけないこと」「すべきこと」は、そもそも、ほとんどありません。

人の役に立つことは素晴らしくて、そうでないのはダメ。
できることがよくて、できないのはダメ。
人に好かれる人気者は良くて、嫌われるのはダメ。
カメはよくて、ウサギはダメ。

主役はよくて、脇役はダメ。
結婚はよくて、独身や離婚はダメ。
正社員はよくて、派遣やフリーターはダメ。
看取《みと》られ亡くなるのが幸せで、孤独死は悲しい。

そんな風に「いい悪い」を決めつけるから、生き方が偏《かたよ》ったり、苦しくなるのです。

いい悪いは、一部の見方であり、世間からのすりこみです。悪いほうを否定し、いいほうだけを求めようとすると、バランスが崩れます。いい悪いではなく、どちらも自然ですし、どちらもいいのです。

すごく活躍している誰かを目指して、幸せの基準を満たそうと背伸びしたり、そうなれない自分を、責めたりしないこと。今のあなたがパーフェクトです。だから狭い枠にはめて、あなたを否定しないことです。

このような詩があります。

生命は　自分自身だけでは完結できないように　つくられているらしい
花も　めしべとおしべが揃《そろ》っているだけでは　不充分で
虫や風が訪れて　めしべとおしべを仲立ちする
生命は　その中に欠如を抱《いだ》き　それを他者から満たしてもらうのだ

世界は多分　他者の総和
しかし　互いに　欠如を満たすなどとは　知りもせず
知らされもせず　ばらまかれている者同士　無関心でいられる間柄
ときに　うとましく思うことさえも許されている間柄

そのように　世界がゆるやかに構成されているのは　なぜ？

花が咲いている　すぐ近くまで
虻《あぶ》の姿をした他者が　光をまとって飛んできている

私も　あるとき　誰かのための虻《あぶ》だったろう
あなたも　あるとき　私のための風だったかもしれない
（詩集『北入曽』より「生命は」『続・吉野弘詩集』思潮社）

大自然は、愛や豊かさがベースにあります。そんなシンプルで、豊かな世界に生きるあなたも、自然の一部です。お互いに補いあい、支えあう中で、本来、足りないものや直さなくてはいけないものは、何ひとつありません。すべてが、すでにあるのです。

そのことを知るだけで、大自然と波長があい、豊かなエネルギーが降り注がれてきます。

心安らぐ生き方　――重荷を、背負ってがんばらない

いつもパワフルに活動できる人なんて、そう多くはいません。

忙しい日々の中で、時に休むことは必要です。「怠けることは悪いこと」と罪悪感を持つ人がいますが、そんなにいつも、走り続けられるわけがありません。「大丈夫!」と、いくら気合いと根性で乗り越えようとしても、背負えないほどの荷物を背負ったまま、歩き続けることはできないのです。

休みをとることに、罪悪感を覚えるようになったら危険信号です。心や体が限界を感じてもなかなか休めなくなってしまう人もいます。

「遊んでばかりいてはいけない」

「休んだら遅れる」「休んだら迷惑をかける」

「認められるために、がんばらないと」「しっかり働かないと」

「苦労しないと幸せになれない」

そんな風に、思い込んでしまうと、立ち止まることができなくなります。


「いい仕事をするには、休むことが必要」

「休むことと怠けることは、まるで違う」

「しっかり休んだほうが、結局、仕事の質が上がる」

「好きなことをしていても、収入は入ってくる」

と、これまでとは違う思い込みにしていきましょう。


誰でもやる気が起きない時はあるものです。そんな時は、期間を決め、思いきって休むこと。思い通りにできない日があってもいいし、それが自然です。

「こんなに休んでいいのかな」と罪悪感を持ちながら、中途半端に休んでも、心は安らがないし、疲れもとれません。かえって時間の無駄遣いです。休むことをためらわず、オンとオフを切り替え、「あ～、よく休んだ♪」「あ～、よく寝た♪」と、心や体がスッキリ楽になるくらいが「ちゃんと休んだ」といえる状態です。

あふれる情報や速すぎるスピードで、心や脳は、気づかないうちに悪影響を受け、バランスを崩しやすくなります。スピードを求めすぎると、本当の気持ちを見つめることも忘れがちになります。時に怠けたり、ダラダラ過ごすことで、かえってバランスが整うのです。

「こうすべき」「こうしなくてはいけない」と自分を追い込まず、「したい♪」を優先

してみましょう。つい仕事をしてしまうなら、環境を変えるのもおすすめです。スマートフォンをオフにして、さあ旅へ。

思いきって、立ち止まることで、それまで見えなかった、大切なことに気づくこともあります。好きなことや非日常的なことをやっているうちに、リラックスでき、新しいアイディアがわいたり、行動にスイッチが入りやすくなります。

「頭と体、どちらが疲れているだろう」と意識を向けて、「頭の休み」と「体の休み」を使い分けることも効果的です。

「頭が疲れている時」は、散歩したり、スポーツやヨガをして体を動かすなど**「動の休み」**を。「体が疲れている時」には、たっぷり寝たり、温泉に入ったり、マッサージを受けるなど**「静の休み」**を。あなたの心や体が喜ぶことを、色々試してみてください。バランスをとることで、ニュートラルな状態に戻れます。

怠けることは、至福のひとつです。

休む時間のクオリティが、仕事や生き方のクオリティも変えていきます。

すべての日が、それぞれの贈り物を持っている。

（古代ローマの詩人　マルティアリス）

「わがまま」と、「自分を大切にする」ことの違い

「『自分を大切にする』ということと、『わがまま』の違いがわからない」というご質問をいただくことが、よくあります。「本音を押し通すことが自分らしい」という人もいるようです。

自分を大切にし、「嫌なことは嫌」と、はっきり態度や言葉で示して、生きたいよ

うに生きていると、周りからは「自分のことばかり考えている」「わがまま」と言われることもあるでしょう。

でも、「自分を大切にする」ことと、「わがまま」は違います。

「自分を大切にする」というのは、周りの気持ちを無視し、迷惑な言動をし、人に嫌な思いをさせながら、「私がやりたいんだからいいでしょう！」と、やりたい放題に生きることではありません。

してもらうことが当然で、人に対する思いやりや感謝の気持ちがなく、自分の欲求だけを通そうとするなら、小さな子供と同じです。周りが離れていき、結局、本当の意味で自分を大切にすることにはなりません。

「自分を大切にする」とは、あなた自身に求めること。自分の気持ちや状態に気づき、心地よさを増やすための選択と行動をすることです。たとえば…

＊その時々の、自分の状態や気持ちに気づき、心地よく過ごせるようにすること。

わかりやすく言えば、「寒い時にはあたたかくし、暑くなってきたらちゃんと薄着にしてあげる」「辛い時には、休ませてあげる」ということです。あなたが心地よくいられる状態をつくるのです。

＊失敗した時も、自分を責めて落ち込んだり自分にダメ出しをせず、許すこと。

どうやったら挽回できるか考え、やるだけやったら、そんな自分に○です。

やりたいことをやり、自分の気持ちに正直に生きると、結果として、周りの期待にそえないこともあります。でも、そこには振り回されません。周りの人や環境を無理に変えようともしません。我慢が必要な人間関係にはお別れを言って、心が喜ぶ関係を選択します。**自分を大切に生きる人は、心が満たされているので、他人にも期待しないのです。**

一方で、「わがまま」は、相手に求めるもの。「〜してほしい」「〜してくれないと嫌」と気持ちを相手に押し付けたり、正しいと思うことを押し通したり、思い通りに周りをコントロールしようとすることです。

自分の心のコップを、自分で満たすことが、「自分を大切にする」ということであり、自分の都合に合わせて、人に満たしてもらおうとするのが、「わがまま」なのです。

もし自分を大切にしていて、周りから「わがまま」と言われることがあったら、「そうですね〜、私はわがままかもしれませんね（笑）」と、やんわり流してみてください。認めれば、それ以上、相手は何も言わなくなりますから。

他人に幸せにしてもらうのを待つのではなく、自分で自分を幸せにしていくのです。

自分の心や感情を大切にする人は、周りからも大切に扱われるようになっていきます。

あなたが心地よくいられるもの。心が喜ぶもの。素直でいられる人間関係を、ちゃんと選んだほうがいいのです。

自分を大切にする人は、自分を大切にしてくれる人を、見極められますから。

モノ（能力・お金）や時間に縛られない生き方

新しく何かをしようとした時に、もちろん、物理的には色々な制約があります。

そこで意識したいのは、「今の環境で何ができるか」ではなく、**「意識を未来に置くこと」**です。

遠いから、お金がないから、時間がないから、若いから（歳だから）、能力がないから、身体的に無理だから、という「制限」でやりたいことをあきらめるのではなく、「自分がどうありたいか？」という視点で選んでいくのです。すると、結果として、ふさわしい未来が自然と展開して「いってしまう」のです。

私は、コーチングをベースにした、単発のワークショップや、全5回のグループメンタリングを開催しています。そこには全国だけでなく、海外からも様々な方が来てくださいます。

・沖縄の離島から、ほぼ1日かけて来てくださった方。
・アルバイトでお金を貯めて来てくださったという大学生の方。

・サービス業でお休みできない土日なのに、上司と交渉し、お休みをもらったという方。
・事故にあってしまい、松葉杖で来てくださる方。
・お腹の赤ちゃんとともに、臨月なのに来てくださる方。
・生後数カ月の赤ちゃんを、義理のお母さんに預けて来てくださったという方。

普通なら、色々な制限のもと、「やっぱり無理」「また次の機会に」とあきらめてしまうかもしれません。

でも、意識すべきは、そうした制限ではなく、**「自分がどうなりたいか」「どうありたいか」**です。制限を外し、理想の未来や無限の可能性から「今」を選ぶのです。**これまでの過去がどうあろうと、これからの未来には何も関係ないのです。**

嬉しいことに、ワークショップでも、「こんなに変われたことに、感動した」「長年苦しんでいたことへの答えが、見つかった」「自分を愛おしいと、初めて心から思えた」「本当にやりたいことが見つかった」などの感想をいただいて、私自身もはげみになっています。

最大の制限をかけているのは、あなた自身

最近、とても勇気づけられた話がありました。グループメンタリングの卒業生のTちゃんは、コース中に、「アブダビ出張に行きたい！」という想いをみんなの前で、宣言したのです。アブダビというのは、日本からとても遠い、アラビア半島にある場所。でも、その願いは意外とはやく叶ったのです。

ところがなんと！　出張の時期が、お嬢様の受験期間にピッタリ重なってしまったそう。

「子供の大切な時期に側にいないなんて、親として、どうなの？」と迷いも生じ、何度もお嬢様と相談し、考えてみたそうです。

結果、Tちゃんは、海外出張を選びました。

そんなTちゃんの選択を、彼女のご両親も応援してくださったのです。**お嬢様も「お互いにがんばろうね」**と意外にもあっさりしていたそう。

グループメンタリングで私、宣言してよかったです。
あの時、自分の中で大きな決意ができたのだと思います。
最大の難関は、物理的なことではなく、世間の目や親の価値観を気にする**「自分自身」**だったと気づきました。

Tちゃんが「親だから」「娘が受験だから」といって制限のほうにだけ目を向けていたら、今回のチャンスも、「そんなの無理」と手放していたかもしれません。

でも意識したのは、自分の本当の気持ち。

きっと海外出張という機会を通して、たくさんのものを学んでこられることでしょう。それは、体験しなければわからない世界です。

世間や周りの価値観、制限に目を向けている限り、何も変わりません。**過去の延長に「今」があり、今の延長に「未来」が続きます。**何もしなければこのまま、変わらない毎日が続きます。

「〜がないからできない」「〜だから無理」というのは、モノ(能力・お金)や時間に縛られた生き方。「本気で人生を変えたい」「今よりもっと豊かに生きたい」と思ったら、心の声を見つめ、小さな一歩を踏み出すほうにエネルギーを注いでください。

やるか、やらないか。あなたが決めるのです。

一日の流れを決めるオセロ的習慣

オセロというゲームを知っていますか?

角に、白いコマをひとつ置いただけで、間が黒いコマだらけでも、一瞬にしてすべてが白に変わってしまうのです。

同じように、朝と夜という「角」に、ほんの少し、ゆとりの時間を持つことで、一日の流れを変えていきます。

朝は、**「五感を呼び覚ます、ゆったりした時間」**に。

なんとなく、昨日の疲れを引きずり、ぼーっとしたまま、バタバタ身支度するのではなく、ほんの少し余裕を持って、一日に備えます。気になる問題があっても、朝は、いったん脇においいて。5~10分でいいのです。

寝起きはベッドの中で、思いきりのびをし、数回、深呼吸を。「私はそのままで素晴らしい」「今日もきっといい日になる」と心の中で、数回唱えます。口に出してもいいのですが、心の中で唱えたほうが、深くしみ渡ります。そのままベッドの中で、軽くストレッチを。手や足を回したり、ねじったりして、体をほぐします。

次に、窓を開けて、深呼吸し、全身に、朝一番のさわやかな空気を吸い込んでください。新鮮な空気を、大きく吸い込み、ゆっくり吐き出し、頭の先から足先まで広げるイメージで。3～5回続けると、全身が浄化されます（雨や曇りの日も、ほんの1～2分でいいので、やってみてください）。時間があれば、軽いヨガや瞑想もおすすめです。

こうして五感を呼び覚まし、さわやかな一日をスタートします。

夜は、**「静かな、安らぎのひととき」**を。

日中は頭もフル稼働。現代はストレスが多く、夜も緊張状態がとけないままの人が多いそうです。仕事や人づきあいで、忙しかった日こそ、大事にしたいのは、眠る前の時間。

人は「ギャップ（差）」によって、安らぎや幸せを感じます。日中が忙しかったのなら、夜は静けさに包まれるという、ギャップを意識してつくります。がんばった自分を慈《いつく》しむ時間を過ごしてください。

テレビは、つけっぱなしにせず、パソコンも、シャットアウト。寝る1時間前くらいからは、アロマをたいたり、間接照明に調節を。（ここからは、その日の気分や疲れ度に合わせて。すべてしなくてもOKです）

＊灯《あか》りを落とし、キャンドルを灯《とも》した、バスタイム

何も考えずに、炎だけ見て、ひたすらぼ――っとします。ひとさじのバスソルトも。

＊お風呂あがりの体ケア
ストレッチしたり、マッサージしたり。体に感謝して、ボディークリームやオイルはたっぷりと。

＊眠る前のいっぱいの優しさ
はちみつを入れたハーブティー、ホットミルク。
意識が覚醒している時には、シナモンを入れたホットワインを。

＊深呼吸や瞑想
夜の瞑想は、疲れた体と心を癒やします。

また朝と同じように、ベッドの中で、「色々あったけど、それでも今日もよくやった」「私はそのままで素晴らしい」と唱えます。

一日がんばった心と体をケアし、慈しむことで、質のよい睡眠が得られます。

朝と夜の習慣が身についてくると、日中がどんなに忙しくて大変でも、まるでオセロゲームのように、朝と夜のエネルギーに連鎖し、幸せな一日に変わっていきます。基盤の上のオセロが一瞬にしてパタパタと裏返り、変わるように。

心がカツカツなままで、がんばっていても、それは周りにマイナス印象で伝わります。あなたが幸せであることが、周りにも幸せを波及させていきます。何より、あなたがいつも幸せにあふれていることが、基本です。

あなたを幸せにする、モノとのつきあい方

あなたが幸せであるために、とても大事なことをこれから書きます。
それは、「モノとのつきあい方」を見直すこと。

モノ、つまり物質というのは、**「エネルギーの集合体」**で、それは人間の脳や心、体にも影響を及ぼします。

たとえば、いるだけで心地のよい場所や、そばにいると元気になれる人はいませんか？　そんな場所や人は、あなたのエネルギーに合っていて、共鳴しあっているのでしょう。

一方で、「頭では正しいと思うけど、なんとなく好きではない」「一緒にいるとなぜか疲れてしまう」と感じる人とは、エネルギーがかみ合わず、不協和音が生まれてい

るのです。
無意識のうちに、側にいる人や、身を置く環境、情報から影響を受け、「あなた自身」をつくっているのです。

使わなくなった古いモノは、滞ったエネルギーを発し、流れを遮断します。また買ってはみたけれど、なんとなく気に入らないモノは、持ち主との周波数が合っていません。

本来、部屋は心をリセットし、充電できる場であるべきです。それなのに、頭がスッキリしないとか、疲れが抜けず、やる気が起きないのなら、ゴチャゴチャしたモノたちが発する負のエネルギーの影響を受けているのでしょう。エネルギーを奪われ、消耗しているのです。

「高かった」「もったいないから」「思い出の品だから」…、理由は色々ですが、気がつけば、モノがたまる一方になっていませんか？

モノがあふれている空間は、気づかぬうちに、心を乱し、体や運気をむしばんでいきます。ゴミ屋敷は、その典型でしょう。

余分なモノが一切ない空間（お茶室や一流ホテルなど）に身を置いて、心が安らいだ経験はありませんか？　それこそが、空間の持つパワーなのです。

コラム

フラワーアレンジメントと生け花の違いに見る、そぎ落とす美学

フラワーアレンジメントと生け花を習っていた時期がありました。先生に「フラワーアレンジメントと生け花の違いって、何ですか？」と聞いたところ、こんなふうに教えてくださいました。

フラワーアレンジメントは、西洋の文化で、「足し算の美学」。生け花は日本独自の文化で、「そぎ落とす、引き算の美学」です、と。

たしかにフラワーアレンジメントは、隙間があってはいけないので、カラフル

な花や葉をどっさり使って、根元まで見事に隠し、華やかさやボリュームを出します。

一方で、生け花は、「いかに余計なものを削り、美しさを表現できるか」という意識でつくられます。シンプルな中に、美しさをつくりだすのです。

そのために必要なのが「そぎ落とす」という日本独特の美意識。茶道、華道をはじめ伝統的な日本文化には、**本質的なものを見極め、それをいかすために、それ以外のものをあえてそぎ落とす**という手法が、よく用いられます。

究極までそぎ落とすことで初めて、究極の美が生まれるのです。

きらびやかなシャンデリアや小物を用いて、華やかにコーディネートする洋室と違い、日本の和室は、障子や薄灯りで、そこはかとない美しさを醸《かも》し出します。

禅にも、「捨てる」思想があります。たとえば京都にある世界遺産、龍安寺の石庭は、枯山水です。白い砂の上にたった15個の石が置いてあるだけです。そんな限られた空間で、真理や美しさを表現しています。

画僧の雪舟が遺した日本庭園（雪舟庭）について、詩人の島崎藤村は、このような言葉を残しています。「誰もこの庭から石一つ除き去ることはできない。誰もまた、この庭に石一つ、つけ加えることもできないだろう」（１９２７年「山陰土産」より）

「何がいらないか？」
「何に価値を感じるか？」
「本当に必要なモノは？」

と問いかけ、限りなく余分なモノを減らし、本質的な美しさを引き出していく。そこに生まれるのは、これ以上そぎ落とすことができない、完成された美しさとバランス。これこそ、脈々と受け継がれてきた日本の美学なのでしょう。

日常生活や仕事、人間関係にも、同じことがいえます。

いいと思ったモノを「あれもこれも」「もっともっと」と取り込むのではなく、**たくさんの中から「本当に必要なモノ」「価値あるモノ」を見極め、シンプルにすることです。**

いさぎよく、そぎ落とした後、あなたの手元に残るのは、何ですか？

モノが捨てられない理由

部屋には、心の内面が現れています。

仕事柄、色々な方のオフィスやご自宅に伺うのですが、空間には心の状態が顕著に現れているなぁと思うことがよくあります。

モノが少ない人は、たいていメンタルが安定していますし、頭もスッキリ整理されています。逆に捨てられない人は、メンタルの何かが関係していることが多いです。

捨てられない人は、次のタイプのどれかに当てはまっていませんか？

①過去執着タイプ：過去に意識が向いている人、今はもう使わない過去のモノを、思い出とともに、大事に保管し、執着してしまう人

②現実逃避タイプ：忙しくて、家にいる時間が少なく、片付けができない人（家にいたくなくて、自分から忙しくしてしまうケースも多いです）

③未来不安タイプ：「ないと困る」「なくなると不安」と、いつ起こるかわからない不安にフォーカスしている人（日常品を過剰にストックしてしまうのは、この典型

です）

つまり、ちょっと厳しいようですが、**片付けの苦手な人は、過去や未来のほうに意識が向きがちで、今の生活での「快」「不快」をないがしろにしているのです。**そのため、「今、自分にとって本当に必要なモノ」がわからなくなっているのです。

何でもかんでも捨てて「ああ、すっきりした」というのではなく、今の自分にとって「必要なモノと、そうでないモノを見極めるため」に、片付けは大切なプロセスなのです。

自分にとって本当に必要なモノがわからないのに、どうして自分のことを大切にできるでしょうか？

理想の部屋から、「今」をつくる

まず、あなたの理想の部屋（空間）をイメージしてみてください。どんな部屋に住みたいですか？

次に、そのイメージに合った空間を探し、実際に足を運んでみましょう。ステキな住宅展示場や、きれいに片付いている友人の家に行ったり、一流ホテルのラウンジでお茶をしたりするのもおすすめです。

そうやって、理想の空間が発する波動を体験し、体を慣らすのです。**「理想の波動」は、洗っても元の形に戻る、形状記憶シャツと同じ。**体がこの「理想の波動」に慣れてくると、あなたの中で、新たな基準ができていきます。その基準で、ピンとこないモノ、心がときめかないモノは、いさぎよく、今すぐ捨てましょう。

ただし、捨てるという行為には、ものすごくエネルギーがいるので疲れるものです。

「いっきに全部！」ではなく、まずは場所と時間を区切って、片付けるようにしてください。

　そのポイントは、とてもシンプル。①洋服、②小物や食器、③本、④書類の順で進めることです（書類や本からスタートして、中身を読み始めてしまうと、そこで時間を費やしてしまい終わらなくなるからです）。

　そしてもうひとつ、心の中で、
「大切なモノや人以外は、いらない」と割り切ること。
　私自身、社会人になってすぐ、ひとつのアンティーク家具との出会いがありました。あまりの美しさに、もう即決！　小さな部屋に、突然、美しい家具が訪れたわけです。

置いた瞬間、周りの雰囲気もガラッと変わりました。すると、それ以前から部屋にあって、それなりに気に入っていたモノが、いっきに色あせてしまったのです。「好き」「心地よい」というレベルが底上げされ、自然と見る目も磨かれていきました。それからは、安いからといって、「とりあえず」モノを買わなくなりました。

自分の心にぴたっとくる少しのモノだけに囲まれた生活をしていると、エネルギーが増し、元気もわいてきます。結果として、私も昔に比べ、仕事にも恵まれ、経済的にも豊かになってきています。

極力、モノを減らすことで、スペースが増え、気の通り道ができます。気が流れると、運気も自然とよくなり、新たなチャンスや出会いにも恵まれます。それこそ、自分を大切にする生き方といえるでしょう。

大切にするモノがわかり、どういうモノに囲まれて生きたいか。ていねいで心地よい暮らしは、人生を大きく変えていきます。

シンプルに生きるとは、より多くを捨てることではなく、「あなたの幸せに役に立たないモノを見極め、手放すこと」なのです。

ツキや幸運は、余白に舞い込んできます。

モノ＝自分の価値ではない

「モノ＝自分の価値」となると、モノがどんどん増えていきます。

洋服やバッグなど、物理的なモノだけでなく、地位や収入、学歴、才能、住んでいる場所など、どれもが「あなた」を着飾るモノです。

・高価なモノをまとい、より多くを得たいのは、自分の価値が上がったように感じるから。
・自慢話や武勇伝を語りたいのは、自分を大きく見せたいから。
・人を批判し、正しさを主張するのは、誰かの価値を下げ、自分が優位に立てる気がするから。
・あの人がうらやましくなるのは、自分より、価値が高そうに思えるから。
・資格取得や、収入アップが嬉しいのは、自分の価値が上がったように感じるから。
・「私なんてダメ」と卑下するのは、「そんなことないよ、あなたは素晴らしい」と、誰かに価値を上げてもらいたいから。

自分の価値を何かで実感したい。モノを通して、自分の価値を認めてもらいたい。だから、日々、見かけのよいモノを増やし、「自分に価値がある」と他人に伝えることに、一生懸命です。意識は外へ外へと向き、どんどんモノが増えていきます。「ほら見て、私はこんなに素晴らしいんだよ」「どう？　私には、こんなに価値があるんだよ」と。

でもモノで自分の価値を高めることばかり意識していると、心は疲れていきます。

身の丈以上に、背伸びして、大きく見せようとしなくていい。

「人に認められるモノ」「うらやましがられる何か」で、着飾らなくてもいい。

もう手放していいのです。そんなモノがなくても、あなたはちゃんと愛される価値があるのです。そのままのあなたが、素晴らしいのです。

キティちゃんのシールが教えてくれたこと

子供の頃、私はキティちゃんのシールが宝物でした。同じシールを、どこでもペタペタ貼って楽しそうにしていた友達に対し、私はもったいなくて、使えなかったのです。**「いつか、とっておきの時に使おう」**と、大切に大切に、引き出しの奥にしまい込んでいました。

時は流れ、大学生になってから、クローゼットを整理して、見つけてしまったのです。古びたキティちゃんのシールを!!

あの時の衝撃は、いまだに忘れられません。

当時の私にとっては、何より大切だった宝物でも、10年近くたつと、もはやゴミ同然。「いつか、とっておきの時」はこなかったのです。

モノには旬があります。

「もったいない」「その時がきたら」「いつかのために」としまい込んで、とりあえずのモノで代用しないこと。**今、ときめきを感じるなら、「今のあなたにとって、旬」であり、今のあなたのパワーを引き出すために必要なのです。**ですから、いつかのためにとっておかず、今、使ったほうがいいのです。

ドラマからわかる「豊かな家」と「貧しい家」の決定的な違い

ドラマのプロデューサーをしている友人から、興味深い話を聞きました。「お金持ちの人」と「貧しい人」の部屋をつくる時には、決定的な違いがあるそうです。

それは「モノ」の数。お金持ちの家を表現する時には、モノが少なく、スッキリした空間にするのだとか。床やテーブルなど平面には、モノを置かず、ピカピカに磨き上げるそうです。

逆に、貧しい家を表現するには、ごちゃごちゃとモノをあふれさせます。キッチンは、お鍋や調味料などの器具であふれ、リビングには、新聞や雑誌、100円均一でのモノが積み重ねられている。そして、とにかく床にモノを置くようです。

たしかに、そうだと思いませんか？　ドラマのシーンや、有名人のお宅訪問を思い出してみても、オシャレで広いリビングには、家具とテレビと観葉植物くらいしかありません。

豊かな人は、自分がリラックスして快適にくつろげる空間を大事にしています。モノの数を減らし、愛着のあるモノばかりになると、そのひとつひとつを大切に扱うようになります。モノのエネルギーも高まり、気の流れが整います。一方、家の中にモノがあふれていると、気が滞り、心や頭もいっぱいになってしまいます。新たな情報やひらめきも入ってこなくなります。空間にエネルギーを奪われていきます。

幸運や豊かさは、シンプルでイキイキしている空間に、舞い降りるのです。

お金持ちの人は、この点をいつも意識しているので、家の中だけでなく、仕事や洋服、人づきあいまで、しっかり優先順位を整理し、無駄なものがないのでしょう。

コラム 開運部屋のつくり方

「開運部屋」のつくり方をご紹介します。

いつもお世話になっている場所（家や職場）や、力を発揮したい場所（試験会場やお得意先など）に、あいさつをしたり、感謝を伝えたりするのです。

初めて訪れる場所なら、あなたのお名前、住所、生年月日を伝えた上で、空間に、あいさつします。「今日もお世話になります。力を発揮できますように」と。家なら「いってきます」「ただいま」「いつも守ってくれてありがとう」と、日々、あいさつや感謝を。

空間にも周波数があります。敬意を払い、ちゃんとあいさつをすることで、あなたを喜んでサポートしてくれるようになります。

好きなモノだけに囲まれて生きていく

ムダなものをなくすのと同時に、大切なのは、本当に好きなモノだけを買い、「普段使い」することです。

たとえば、せっかくお気に入りのティーカップを買っても、「もったいなくて使えない」と戸棚にしまい、日常では100円均一のカップを使うなんてこと、ありませんか？

単にモノを「所有する」のではなく、モノを大切に使い、幸せな気持ちを「味わう」ことです。

満たされた内面は、まとうオーラに現れますし、その人を育てていきます。

物質はすべてエネルギーであり、周波数を持っています。「お気に入り」というのは、モノと人の周波数がマッチしているということ。

あなたが大切に使うほど、モノには力が宿り、あなたと共鳴します。あなたの「価値を高めるモノ」です。

上質なモノを、日常使いすると、生き方が変わります。「使う幸せ」を知ると、心が満たされ、すぐに次の新しいモノを求めなくなるからです。

買ったモノ、周りを取り囲むモノで、あなたはつくられていきます。モノを買う時は、自分の一部を買うくらいのつもりで。あなたの部屋は、あなたそのものです。よりシンプルに美しく、いるだけでご機嫌になれるお部屋に。

一方、モノが多くて、どこに何があるかわからない状態では、モノ自体のエネルギーも落ちています。そんなモノに囲まれていると、あなた自身のエネルギーが奪われていきます。「自分の価値を損なう」モノです。

くり返しますが、あなたの価値を損なうモノは、感謝とともに手放すことです。

幸運は、余白に訪れる

豊かで、幸せな人は、与え上手、手放し上手です。軽い気持ちで、さらりと出すから、またさらりと入ってきます。

手放した時と同じ態度と気持ちで、受け取るようになっています。

たとえば、電車で席を譲る時、「渋々、嫌々譲る」のと、「喜んで譲る」のとでは、同じ「行為」でも、出すエネルギーはまったく違います。ということは、入ってくるものも変わります。

また、「捨てると、より素敵なモノに巡り合える」「合わなくなった人を手放すと、新たなご縁に恵まれる」「気の乗らない仕事を断ると、新しいオファーが舞い込んでくる」。そんな風に、何かを捨てたり、やめたり、手放すと、そのスペースに、思いがけない幸運や変化が舞い降りるものです。

一度、握っているこぶしを広げない限り、新しいものは入ってこないのです。

幸運は余白に運ばれます。失う瞬間は怖いですが、何かひとつを手放すと、思いもかけなかった幸運や、ずっといいものが、入ってくるようになっています。

手放すと、そのスペースに
幸運が舞い降りてくる。

思いきって「捨てる勇気」「手放す勇気」を持つことです。

コラム

枠を外すシンプルな方法 ～セルフイメージにはステージがある～

セルフイメージという言葉を聞いたことはありますか?

セルフイメージとは、「自分のことを、『私はこんな人』と思っている思い込み」のことです。このセルフイメージは、高い人と、低い人がいます。

セルフイメージが高い人は、たとえば何かしようとした時、「私は素晴らしい」「そのままで価値がある」「思い通りにやるとうまくいく」と思えるのです。

一方、セルフイメージが低い人は、同じことが起きても、「私には価値がない」「どうせ私なんか」と落ち込みやすいです。

「セルフイメージを変えたい」と思われた方もいらっしゃるのではないでしょうか。

このセルフイメージを変えるには、2段階あります。

①モノや環境によって、豊かさを感じるステージ
②モノや環境に左右されない豊かさのステージ

わかりやすいように、「お金」を手段にして、見ていきましょう。

まず、あなたは、お金がないからといって、「色々なことを我慢し、あきらめる」ことはありませんか?

「お金がない」といって倹約ばかりしていると、結局やりたいことはやれず、ますます貧しい気持ちになります。お世話になった人への感謝や義理も欠いてしまうこともあります。これはお金に縛られる生き方です。豊かさも逃げてしまいます。

ステージを変えたいと思うなら、まずモノやお金を使って、「環境や意識を変えていくこと」です。

①モノや環境によって、豊かさを感じるステージ

ひとつめのステージは、「モノや環境によって、豊かさを感じる」ステージです。プチ贅沢を楽しみ、ゲーム感覚で、やりたいことをやってみるのです。

たとえば、

・休日、ホテルのランチでワインやシャンパン（1500円くらいです）
・公園の芝生で寝転んで、ここがぜーんぶ自分のお庭ということにしてみる
・敷居が高いと感じるブランドショップに行って、実際に触れてみる
・スーパーのおにぎり。値段に関係なく、好きなものを買う
・コンビニで、気になるスイーツをほしいだけ買ってみる
（※コンビニやスーパーは値段の上限がわかるので、安心です）
・何回かに1回は、思いきってグリーン車に乗ってみる

実はほんのささいなお金や意識の切り替えで、気持ちが豊かになっていくので

す。

自分へのおもてなしを大切にし、心が豊かになると、現実も豊かになっていきます。

ただ気をつけなくてはいけないのは、このステージだと、まだ豊かさが、モノやお金や環境に左右されているということ。

モノや環境によって、「上がった」ものは、モノや環境がなくなると、やがて「下がる」のです。つねに、がんばって、上げつづける努力をしない限り。

②モノや環境に左右されない豊かさのステージ

ふたつめは、「モノや環境によって左右されない豊かさ」というステージです。

このステージに移行するポイントは、**「あなたの幸せの形を探し、本当に自分が幸せと感じるものを選び、それを軸にし、豊かに生きていく」**ことです。

知り合いに、本当に望むものだけを選択している社長さんがいます。富裕層ですが、住んでいるのは学生時代と同じ1LDK。でも倹約家ではなく、児童養護施設や母校への寄付は惜しみません。1LDKに住んでいるからといって、セルフイメージが低いわけではありません。

大学時代の友人のOさんは、都内のマンションに住んでいましたが、海の近くに住みたくて、引っ越しました。日々の通勤（片道）に100分以上かけています。それでも、海まで徒歩2分。少し早起きして毎朝海に行ってから、通勤しているそう。「地元野菜もおいしくて、海に沈む夕日は最高♪」と言っています。

周りの声や常識に左右されず、「自分の幸せの形を探し、本当に自分が幸せと感じるものにそって、豊かに生きていく」のです。

また、このステージの特徴は、豊かさをどんどんわかちあっていきます。人に惜しみなくすることは、すべて本人に還ってくることもわかっています。

場所やモノによって価値が変わったり、周りに振り回されたりするのではなく、自分の心の快・不快を基準に選択し、本当に幸せを感じることを選択していくと、ブレない心の豊かさが手に入っていきます。またその豊かさをわかちあうことによって、周りにも幸せがどんどん広がっていく。それこそ、本当に豊かな人生です。

モノや仕事・お金・環境が、あなたの幸せや価値を決めるのではなく、あなたの幸せや価値は、あなたが決めていくのです。

あなたが「本当の幸せの形」を大切に生きていると、あなた〝らしさ〟が引き出されてきます。

2章

人生は9割捨てると、うまくいく

増えすぎる情報と、かしこくつきあう

あなたを悩ませるその人は、大切な人ですか？

「ブログのコメント欄に、批判的なコメントがきてショック」
「ネット上で、悪口を書かれたり、批判された」
「ブログの読者や、フェイスブックの『いいね！』が、なかなか増えない」
「他人の充実している様子や、かわいい自撮り写真を見ていると、イラッとしてしまう」

ＳＮＳ（フェイスブックやツイッター、ブログなど）関連のお悩みをご相談いただくことが増えました。いちいち振り回されていては、心が持たないとわかっていながら、つい気になってしまうのが、人の心というもの。

そんな時には、次のような視点を持つようにしてみてください。

「あなたの悪口を書いた人は、３年後、５年後も、大切につきあいたい人ですか？」

「批判的なコメントを寄せた人は、3年後、5年後も、あなたにとって、大切な人ですか?」

3年後、5年後も大事にしたい人なら、心を悩ませたり、真摯に向き合うのも大切なこと。

時には衝突やすれ違いが起こることは覚悟した上で、本音で向き合ってみるといいと思うのです。

でも、そうでなければ、貴重なあなたの心とエネルギーを費やすことはありません。わかってもらおうとメールでやりとりしたり、無理につきあう必要もありません。

それは、「ただの他人」だからです。

そういう人に理解してもらうことはなかなか難しいでしょうし、嫌われても、離れられても、あなたの人生の本質にはなんの影響もありません。ただの他人に、貴重なエネルギーを費やしていると、本当にやりたいことに注ぐエネルギーがそがれていきます。

それこそエネルギーの「浪費」です。

「人生で本当に大事なことや大切な人」と、「どうでもいいことやその他大勢」をちゃんと区別すること。

心惑わされている原因が後者なら、静かに距離をおきましょう。

人生に重要な人は、そんなに多くありません。エネルギーは、あなたの心が喜ぶことに、使うようにしてください。

情報があふれる今の時代。簡単につながれる人も増えたからこそ、「いい人」でいると、逆にあなたにとって必要ない人、合わない人も集まってきます。意識して区別してください。

心を癒やす「真っ白なひとり時間」の過ごし方

時に便利でありつつ、リスクが高い、フェイスブックやブログについて、もう一言。

知らなければ、心が動くことはないのに、知ってしまったからこそ、余計に気になってしまう。人と比べて焦ったり、嫉妬したり、イライラしたり。

これは、心にゴミがいっぱいたまっているような状態です。

今は、情報洪水の時代。**一説では、情報量は10年前の約500倍ともいわれています。**「発信される情報量>受け取る人間の情報処理能力」なのです。ネットの普及で、受け取れる情報は増えても、一人の人間が処理できる情報量って、昔も今もさほど変わりません。

ネットにつながると、1対1のリアルコミュニケーションとは比較にならないほどの情報が入ってきます。その中には、心のゴミにしかならないものも少なくありません。心のゴミが増えるほど、あなたの心の中に必要ない感情が生まれ、心がすり減っていきます。

こんな時のおすすめ対処法は、ふたつ。

ひとつめは、すでにやっている方も多いと思いますが、**「入ってくる情報の管理」**。

テレビや雑誌といったマスコミの発する情報や広告、ＳＮＳは、不安や不足を次から次へと、あおるものが多いです。

「夏に向けて、痩せてダイエットしないと」
「期間限定です。今すぐに、買わないと！」
「一生独身が増えています。あなたはいいですか？」

そんな風に、「そのままのあなたで大丈夫？」「あなたにはこれが足りない！」「急いで手に入れないとなくなってしまう！」と、不安をあおるメッセージばかりです。

特に自信のない人、周りに影響を受けやすい人は、水道の蛇口を絞り込むように、テレビやSNSに接する時間を最小限にしてみましょう。

ふたつめは、**「真っ白なひとり時間を過ごす」こと。**

心にゴミがたまった状態だと、外部の出来事に、過敏に反応してしまいます。1日5分でいいので、「真っ白な時間」をとり、あなたの状態を整えることです。

真っ白なひとり時間のつくり方

①ただ呼吸に集中する

何も考えず、「ただただ呼吸に意識を向ける」のです。吸って、吐いて、吸って、吐いて…をゆっくり繰り返します。たった1分でも、心はかなり落ち着きを取り戻すでしょう。慣れてきたら、3分、5分と、時間をのばしてみてください。瞑想もおすすめです。

②心に向き合う

・「望んでいる方向からずれていないか？」「やりたいこと、できていない

ことは？」。そんな風に、もうひとりの自分に問いかけてみましょう。答えは見つからなくてもいいのです。
・我慢したこと、嬉しかったことを思い返し、起きた出来事や芽生えた感情を静かに見つめます。
自分の内なる心に向き合うと、心はおのずと整います。

③五感を使う
時間がとれれば、携帯を持たず、自然の中に足を運んでみてください。ぼーっと空を眺めたり、道に咲く花をゆったり眺めたり。空の青さ、風の心地よさや音を、五感で感じるのです。静かな美術館もいいでしょう。

ピアノもオーケストラも、美しい音色を奏でるために、チューニング（調律）が必要です。人も同じ。「真っ白なひとり時間」を持ち、あなた自身をチューニングしましょう。整っていなければ、不協和音を発したり、人の言動に、過剰に反応してしまいます。

断食と同じように、つながる情報やエネルギーをストップさせる時間を持つことです。静かな時間を持てば、自然と癒され、生命力はよみがえってきます。

動物は、大きなケガを負うと、食べず、動かず、じっと丸くなって傷を癒します。こうした治癒力は、同じようにあなたにも備わっています。頭を真っ白にする時間を確保することは、治癒力を高め、心と体に安らぎや癒やしをもたらします。

特に、未来を考える時や、重要な決断をする時には、意識して、真っ白な時間をとり、心をクリアにするようにしてみてください。抱え込みすぎて、いっぱいいっぱいにならないように。

人からのアドバイスは、こうして上手に役立てる

「何が必要なのか選べない」「どちらを選んでいいのか、わからない」

あなたは、何かの選択に迷った時、どうしますか? 家族や友人、尊敬できる人に相談したり、占いという「情報」に頼る人もいるでしょう。誰かに「大丈夫」「いいね」と言ってもらえないと不安という人もいます。

・「自分は間違っていなかった」「やっぱりこれでよかったんだ」という安心感がほしい。
・背中を押してもらい、「よし、やってみよう」という前向きな気持ちになりたい。
・「やめたほうがいい」とブレーキをかけてもらいたい。

迷う時には、色々な気持ちがあるでしょう。でもアドバイスをくれた人が、あなたの人生に責任をとってくれるわけではありません。また、アドバイスが人によって違

うので、どれが正しいのか、わからず、かえって迷ってしまうという場合もあります。

実は、誰かに相談する時、心の中では、すでに答えが決まっていることが大半です。

「本当にどうしたいか」は、それぞれの心の中にちゃんとあります。

ですから、アドバイスを聞いた時の**「あなたの気持ち」**を大切にし、**「あなたの心が明るくなる答え」**のほうを選んでください。アドバイスを聞いて、あなたが「安心」「納得」するなら、心の中にある答えに力が宿ります。

「どちらが正しいか間違いか」「損か得か」と頭で考えすぎず、

「すごい人が言ったからそうなのかも」と素晴らしい誰かが言うことより、

あなた自身の感覚にもっと注意を向けることです。人からのアドバイスは、そうやって、**「答え合わせ」**に使えばいいのです。

よく当たると有名な占いでも、ピンとこないことを言われたら、無理に従う必要はありません。ピンとくれば、あなたの心がＯＫサインを出しているということ。逆に、どんなに周りがよいと言っても、頭で納得しても、あなたが違うと思ったら、違うのです。心の中で「何か違う」と感じたら、それこそサインです。**大事なのは、あなたの感性を信頼することです。心で感じることは、「あなたにとっての真実」を伝えています。**

ピンとこないのに従ってしまうと、「占いや相手」が上で、あなたが「下」になります。そうではなく、占いも人からのアドバイスも、あくまで、あなたが幸せになるための手段のひとつなのです。

人の言葉を信じて従いすぎると、失敗した時に、「あの人のせい」「聞かなければよかった」と後悔しやすくなります。他人に主導権を渡すのではなく、あなたの人生を幸せに導くのはあなた。選ぶのも、あなたです。

色々な人に相談した上で、**「で、本当はどうしたい？」**と、最後は、自分に聞いてみるのです。本当に望む方に意識を向け、あふれる情報の中から、あなたなりの正解を引き出していきます。

あなたの人生を幸せに導く答えは、あなたの中にしかないのです。

最後に、どうしてもやりたくないと感じるのは、まだ機が熟していないという、心からのメッセージです。気が乗らないのに、無理にやるのは不自然なこと。そういう時は、無理に始めようとせず、しばらく放っておくか、できることから手をつけてみるのです。

目に見えることだけに振り回されない、心の持ち方

たとえば、政治・芸能ニュース、いじめなどの学校問題などを、テレビや雑誌で目にした時、

「なんであんなことをしたんだろう」「かわいそう」

「周りは気づかなかったのかな」「○○は許されるべきじゃない」

特に感受性の豊かな人は、感情移入し、直接関係のない世界に入り込みやすいです。


でも、私たちが知り得る事実のほとんどは表層で、目にしているのは、氷山の一角です。

当事者の行動や経緯なんて、本当のところは、誰にもわかりません。当事者だって、本来の意図とは違う展開に、戸惑っているかもしれません。


ひとつの出来事には、複雑な背景がからみあっていることもあります。

また、一部の情報だけを捉えて、「実はあの人は、○○だ」「あんなことすべきでは

ない」「○○が悪い」というのも、虚しいこと。批判する人は、あの人のどこまでを知っているのでしょう。

聖書にこんな話があります。

法律で石打ちの死刑に値する罪を犯したという女性が、イエス・キリストの前に連れてこられた。

その時に、キリストは「あなたたちの中で罪を犯したことのない者が、まず、この女に石を投げなさい」と一言。

誰も女性に石を投げることはできなかったそう。

これって、本質だと思うのです。私も含め、人は、自分のことは棚に上げて、人のことを厳しく指摘しやすいから、気をつけたいといつも思っています。

私たちは表層の情報に振り回されやすいですが、そのもっと根底で、さらに大きな思惑が動いているのが、常なのです。目に見えること、入ってくる情報は、ごく一部ということを、忘れないでいたいですね。

それが振り回されないための、一歩です。

受けた影響を浄化する、効果的な方法

商業施設や駅など、人が多く集まる場所には、ありとあらゆるエネルギーが集まってきます。無防備にそうした場所やコミュニティに身を置いていると、バランスを乱しやすくなります。

なんとなく体が重い。イライラしやすい。ネガティブになりやすい。異常に疲れたり、くらくらする。そんな感じがするなら、あなたと合わないエネルギーや邪気を、吸収しすぎた可能性もあります。不快なものに、無防備にさらされると、エネルギー

が消耗し、周りに振り回されやすくなります。特に、敏感な方や、感受性の豊かな方は、無意識のうちに影響を受けてしまいます。

一日の終わりに、こまめに浄化することです。効果的なのは、入浴の際に塩を入れること。「水に流す」という言葉の通り、水には、清める力がありますし、塩にも浄化作用があります（他のやり方は、1章「一日の流れを決めるオセロ的習慣」を参照してください）。

こまめに浄化していると、あなた自身が気持ちのいいエネルギーに満たされ、直感もさえてきます。求めなくても、その波動にふさわしい情報や人が集まってくるか、逆に、あなたがふさわしい場所や人のもとへ運ばれていきます。

あなたの投資、間違っていませんか？

ビジネスの一線で大活躍されている方とご一緒すると、うまくいく人の共通点が見えてきます。そのひとつをあげるとしたら「投資」でしょう。

限られた時間、エネルギー、お金、気持ちを、何に費やすか。

お金を出さずに、ただで手に入ったら、得した気分になるかもしれませんね。でも小さな得を求めるあまり、知らないうちに大きな損をしている人も多いのです。

先日、ディナーをご一緒した経営者さんたちは、こんなことをおっしゃいました。

私の本を読みたいと言ってくださったので、プレゼントしますと言うと、**「本は自分でお金を払わないと身にならないから、払わせてください」**と。

また別の方は、「知りたいことは、本だけでなく、直接、本人から学ぶようにしている。たとえ遠方で、交通費や時間がかかるとしても、本人から直接、学べる体験は大きい」。

一見、ただで情報を得ている人と比べて、損しているように見えるかもしれませんが、そういう方には、一般に出回らない有益な情報が、入ることも多いのです。

「対価」や「投資」に対して、こんな意見も…

「弁護士やコンサルタントが友人であっても、質問がある時には、ちゃんと代金は払う。相手が、その知識を身につけた背景（時間・経験・お金）にも敬意を払わないと失礼だ。逆も同じ。無料だから聴こうというセコい意識の人には、それなりの対応しかしない（笑）。お金の問題じゃない。そこに尊敬や感謝があるかどうかなんだ」

「『一度お会いできませんか？』という人が多く、ためしに面談を全部有料にしてみたら、日々の質が変わった。お金の問題じゃなく、時間の価値をわかってくれる人に会いたい」という人も。

誤解していただきたくないのは、そういう方が大切にされているのは、「お金」ではなく、「相手への敬意」です。そういう方こそ、相手の志や情熱に共感すると、ボランティアでいくらでも奉仕されます。後で知ったのですが、私の本も周りの方たちにプレゼントしてくださっていたそうです。

出したものが返ってくる。自分が投資したものしか、戻ってこない。

いい流れに乗りたいと思ったら、「必要な時間や情報、経験を買う」のです。言いかえれば、自分のステージにふさわしいものに、かしこく投資していくことです。いただいたものに対する対価も、ちゃんと払い、循環してみてください。

節約して、ためることが目的ではなく、かしこく投資し、あなたが幸せになることが目的ですから。

がんばっているのに、日常が変わらない人に足りないこと

「人生や自分を変えたい」。そうやって時間とお金を投資し、セミナーに通い続け、勉強しても、なかなか日常が変わらないという人がいます。

そういう人の多くは、アウトプットとインプットのバランスがとれていないからです。大体において、「知識」を入れすぎで、流れが滞ってしまっているのです。

知らないことに気づくのが、学びの始まりです。学ぶことで視界が広がり、さらに知らない世界があることに気づきます。興味あることを学ぶのは、楽しいことです。でも、セミナーに参加することや、知識を得ることが目的になっていて、人生が何も変わっていないのなら、**足りないのは「アウトプット（発信・実践）」です。**

インプットしたら、同じようにアウトプットしないとバランスは崩れていきます。

（※ここでいう「インプット」は、学んで情報を受信すること。「アウトプット」は、学んだことを実践し、発信することです）

たとえば、セミナーで、どんなに泳ぎ方を学んでも、実際にプールや海に行って泳いでみなければ、泳げるようにはなりません。それと同じで、セミナーでいくら新しい知識を身につけても、学んだことを、日常生活で実践したり、人に伝えたりするなど、アウトプットしないと、身につきません。

クライアントのMさんは、長年、ハーブの勉強を続けてきました。初級コース、上級コースを継続するほどのがんばり屋さん。ただ「人と差別化するには、

もっと知識がないと」「もっと資格がないと」と、次々セミナーに通い続けていました。これではきりがないのです。

そこで「これ以上学ぶのではなく、まず、身近な5人の方に、実際に学んだことを試してみてください」とお伝えしたのです。Mさんは心配しながらも、実際やってみたところ、思いのほか、大好評！　そこで気づかれたのは「今、必要なのは、これ以上知識を増やすことではなく、発信することや実践だった」と。今や、Mさんは、自宅でサロンを開き、活躍されています。

アウトプットしてみると、本当に足りないものがあれば、明確にわかります。足りない知識はその都度、必要な時に必要な分を学んでいけばいいのです。

「もっと準備してから」
「大事に思う分野だからこそ、一歩踏み出して、反応がないと怖い」
「何が自分に合っているかわからないから、どの分野にもいまいち踏み込めなくて、あれこれ、手を出してしまう」

そう思う気持ちもわかりますが、一歩を重く捉えすぎると、動けなくなります。

大事なのは、軽やかさです。真剣であっても、深刻になりすぎないこと。

3章

好きな人ばかりに囲まれて、生きていく

合わない人に合わせるのは、命の無駄遣い

「前提」を変えると、スッキリ軽やかに生きられる

人にこびることなく堂々と生きていくためには、ある程度の割り切りといさぎよさも大事です。

人づきあいの前提は、ふたつあります。

＊「何があっても、私は愛されている」「何が起きても大丈夫」という無条件の自信。肯定が前提の人。

＊「価値がない」「そのままでは愛されない」「そのままだと嫌われてしまう」という不安が根本にある、否定が前提の人。

どちらが前提かで、行動も人とのつきあい方も自然と変わってきます。

根本が不安な人は、自分で自分を認めることができません。周りからの評価や賞賛で、肯定感や安心感を保っているのです。ですから、よく見せたいと、背伸びをしたり、周りの意見に一喜一憂したり、嫌う人にもこびをうったり。「どう思われているか」がつねに気になって、仕方ないのです。

一方、自分で自分を認めていれば、過度に人に賞賛や承認を求める必要はありません。心はいつも穏やかですし、自由です。「愛されている」「価値がある」と思っている人は、人を傷つけないし、人から傷つけられることもありません。

前提を変えると、周りで起こることも変わっていきます。

実績や人からの賞賛があるからではなく、できてもできなくてもそのままの自分でいいと決めてしまうこと。「何もない自分」を受け入れ、ＯＫを出してみることです。**どんな時も、あなたの最高の価値を信じるのです。**

小さいことで人に合わせて、大きなものを失ってはいけない

友人とのランチで、「何を食べる?」という流れになった時、「私はなんでもいいよ」と相手に合わせてしまうこと、ありませんか?

「本当になんでもいい」のなら、それでいいのです。でも友人が「パスタにしよう」と言った時、もしあなたが昨日もパスタだったり、和食が食べたかったりするのに、「うん♪(まあいいか…)」と合わせてしまうようなら、要注意です。

一見、相手に合わせ、協調性があるように見えますが、「昨日もパスタだったんだけどな…」というあなたの心の声をスルーすることは、**あなた自身を軽んじることになります。**

人の顔色には敏感でも、自分の気持ちには鈍感で、置いてきぼり。人の顔色ばかり

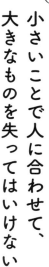

気にしていると、自分の気持ちがわからなくなっていきます。周りに合わせてばかりいると、「本当の自分」を見失います。

「食欲」は、基本欲求のひとつなので、感覚をチェックする基準に使えます。

「自分の食べたいものがよくわからない」というなら、五感が鈍っていることもあります。その場合は、食べたくないものを消去法にしてみてください。嫌なものは、意外とわかりやすいものです。

「みんなといっしょ」ではなく、「あなたの気持ちや感覚」を優先することです。

「別になんでもいい」とするなら、あな

「あなたの気持ちや感覚」を、優先させよう。

たのところに集まってくるご縁や情報なども、「とりあえずのもの」「なんでもいいもの」になっていきます。

もし相手が「パスタ」で、あなたが食べたいものが「和食」なら、まず伝えてみてください。その上で、どちらかを選んでもいいし、「あなたはパスタにして、私は和食にするね。1時間後にまたここで待ち合わせしよう」と言って、ランチだけ別にする選択肢もありなのです。心の声をちゃんと伝えると、気持ちもスッキリ爽やかになっていきます。

「人からどう思われるか」という不安が、ほとんどの問題をつくっている

特に日本人は、世間体や評判、周りの評価を気にしがちです。個性が大事と言われつつ、「みんなやってる」「みんなと同じ」という雰囲気に飲まれやすいもの。それほど、人の目を気にし、「嫌われたくない」「いい人でいたい」という想いが強いのでし

ょう。

会社で大きな失敗をしてしまったBさんは、やってしまった失敗自体よりも、「あんなことをしてしまって、周りにどう思われるだろう」と人の目を気にして、心をチクチク痛めていました。

起こる問題や悩みには、「自分軸」と「他人軸」の2種類があります。

「自分軸の悩みや問題」は、あなた自身が向き合い、解決できるものです。

たとえば、「英語が苦手で、会社で肩身が狭い」という悩みなら、英会話スクールに通う。「会社でプレゼンがうまくできるか不安」なら、できる限りの準備と練習をするなど、あなた自身の力で、解決することができます。

一方で、あなたの力ではどうしようもないのは、**「他人軸の悩みや問題」**です。

「あの人にどう思われているだろう」「あんなことをしてしまって、周りはなんて言うだろう」。誰かに言われた一言が気になり、一日中そのことばかり考えてしまうこともあるでしょう。どんなに不安に思っても、人の評判や気持ちを、あなたがコントロールすることはできません。

どうしようもない悩みだからこそ、余計に大きく心にのしかかってくるのでしょうが、いくら心を痛めていても、事態は変わりません。不安に思っても、起こることは起こりますし、不安のエネルギーは、さらなる不安を呼び込み、かえって最悪の状況になることもあります。

「他人にどう思われるか」「どういう目で見られるか」というのは、物理的に起こった問題ではなく、あなたの心の中だけで起きていることです。

また「好きな人に振り向いてもらいたい」「上司に認めてもらいたい」「思い通りに動いてほしい」「幸せにしてもらいたい」という期待も、同じく「他人軸の問題」です。

あなたが心を痛めている問題を、「他人軸」と「自分軸」に切り分けると、実は、

本当の問題はシンプルだということに気づくはずです。

自分軸の問題なら、あなたができることに、ベストを尽くすだけです。

それに対し、周りがどう感じて反応するかは、他人軸で相手の問題であり、あなたにはどうすることもできません。

それほど親しくない相手に、悪く思われたり、嫌われたからといって、それほど気にする必要はないのです。批判した当人は、家に帰ればあなたのことなんて、すっかり忘れているかもしれません。

他人や過去に念を置いていると、エネルギーも人や過去に吸い取られるので、もったいないです。あなたのまったく知らない人に、あなたの悪いうわさが伝わったとしても、あなたの人生には何の関係もないし、物理的には何も困らないのです。自分の力の及ばない範囲にまで、心を痛める必要はありません。

コラム

自分軸をブレないようにすると、頑固になる気がする？

「自分軸をブレないようにすると、頑固になる気がする」という話をよく聞きます。

自分軸と頑固は、まったく違います。

自分軸は「何が大切なのか」「どうありたいか」という土台です。自分軸が明確な人は、軸がしっかりしているからこそ、しなやかで、柔軟です。

たとえば、会議中でも、最初から自分の意見を押し通さず、まずは人の意見に耳を傾け、最終的に意見をまとめていきます。自分の価値観を大切にしているので、相手の価値観も尊重できるのです。たとえるなら、大樹のように根っこが安定し、強風が吹いても、なかなか折れません。

一方、頑固とは、人の意見に耳を傾けず、自分が正しいと思うことを、押し通そうとします。文字通り、頑《かたく》なで、固い枝のようなもの。強い力を加えると、簡単にポキッと折れてしまいます。

合わない人に合わせるのは、命の無駄遣い
～ご縁には旬がある～

あなたのステージが変わると、今まで仲よかった人と一緒にいても、「以前のように楽しくない」「ズレを感じる」と思うことが増えていきます。

三角形のピラミッドを思い浮かべてみてください。ステージが上がるほど人が減ります。あなたが成長するにつれ、合わない人が増えてくるのは自然なことなのです。

あなたが離れたいのに、「長くつきあってきたから」「急に断ると失礼かも」「向こうが求めてくるから」「傷つけたくないから」と無理につきあい、相手に合わせて

ステージが上がるほど、
合う人は減っていくもの。

も、楽しくないはず。時間は、「命そのもの」です。楽しくない相手と無理に過ごすことは、あなたの命の無駄遣いです。

人は一緒に過ごすことで、気（エネルギー）が交流し、相手の影響を受けています。誰と過ごすかは、とても重要なことです。

人間関係には旬があり、賞味期限があります。離れたいという気持ちは、そのサイン。罪悪感を持つ必要はありません。

一方、相手が離れていく場合もあります。一時的にご縁があり、親しい時期があったとしても、旬を過ぎれば、合わなくなるのも自然です。相手が離れていった時、

「私の何が悪かったのかしら？」「どうしてなんだろう」と考えても、答えは見つからないことのほうが多いのです。離れていく相手は、あなたとの出会いでの役割を終え、別の人との役割を新しくスタートします。お互いの役目が完了しただけなのです。

もうご縁の潮時であり、旬が過ぎたのです。

無理して合わせたり、つなぎとめないことです。

賞味期限を過ぎた食べ物を無理して食べると、お腹を壊してしまいます。無理して、そんな我慢をする必要があるでしょうか？

ご縁が切れたとしても、誰かが悪いわけではありませんし、ネガティブに捉える必要はありません。縁が切れても、過去に、相手の人と過ごした幸せな時間や学びは、残ります。

ここで一番心を悩ませるのは「家族」という存在。家族でさえ、合わない人はいます。**息の合う親や子供に恵まれるのは、宝くじに当たるほどの確率といわれています。**たとえ親子であっても、それぞれの役割や世界があるので、合わなくても、なんら不思議なことではないでしょう。距離をとってもいい、ということです。「家族だから」「親族だから」と無理してつきあい、無駄に心を痛めるより、よっぽどお互いに建設的だと思います。

これまでの関係を感謝して手放すと、これまで合わなかったような新しいタイプの人や、より質の高い出会いに恵まれるようになります。

最後に、「この人と一緒にいても楽しくない」「もやもやするけど、なんとなく一緒にいてしまう」と思っているあなたと過ごしてもらうことは、相手に対しても失礼です。あなたと時間を過ごすことで、相手が「本来出会うべき人と、関係性を深めるための時間」を失っているのですから。

「違って当たり前」は、魔法の言葉

前項で「好き嫌いがあっていい」「合わない人と無理に合わせなくていい」と言いました。

矛盾するようですが、**「あなたが嫌いな人＝悪い人」**というわけではないのです。

あなたの価値観や生き方と合わないだけなのです。

あなたの知らない価値観に出会うと、脳は矛盾を嫌うので、その人の存在そのものを否定しがちです。

でも、色々な風景を楽しむために、生まれてきた世界ですから、合わない人、嫌いな人がいるのは当然なのです。

たとえば、あなたが信頼するMさんのことを、Oさんが悪く言ったり、批判したとします。

でも「Mさんって、実はそんな人だったんだ。信頼してたのに…」
なんて、同調する必要はありません。

また「そんなこと言わないほうがいい」「Oさんは間違っている」
と、あなたがOさんを批判したり、Oさんの感覚を疑うこともありません。

これは、MさんとOさんの間においてのことであり、あなたとは関係ないのです。
Mさんに対する、Oさんの見方と、あなたの見方が違うだけなのです。
「Oさんはそう思うんですね（以上マル）」。それだけのことです。

人は多面体なので、あなたが「こういう人」と思っていても、その人の一部に、あなたが勝手に貼ったレッテルにすぎません。他の人から見たら、また違う面が見えることもあります。

またどんなに世間で悪く言われている人だとしても、あなたの感覚がしっくりして、心地よいなら、その感覚を信じることです。少ない一部の情報だけで、相手を判断したり、批判しないこと。勝手な想像や妄想で、相手を叩くと、痛い目にあうこともあります。

「人とあなたは違う」のです。「相手は相手」「あなたはあなた」、違って当たり前です。線を引くのが基本です。それがわかると、無理に合わせたり、全面的に期待したり、失望したりすることもなくなっていきます。誰かに必要以上に依存したり、振り回されたりすることもなく、精神的に自立できます。違う意見を尊重することで、関係性にゆとりが生まれていきます。

それぞれのやり方や捉え方でいいのです。あなたが違和感を覚えるなら、無理に合わせたり、つながらなくていいということです。

人のために自分を犠牲にしない

人の評価や評判ほどあてにならないものはありません。いいも悪いも、真に受けなくていいのです。

「すごーーい♪　さすが♪」と言う人が、翌日も同じように思ってくれるかどうかなんて、わかりません。大げさに持ち上げる人に限って、実はすぐに離れていきます。

「こんなの初めてです」と言う人は、同じようなことを、他の人にも言っていたりします。

人は本当に、その日の気分で生きています。私も含め。今日は右に進んでも、明日は左どころか、下かもしれないのです。去ったと思ったら、その人の気分でまた戻ってくる。人はそれほど、うつろいやすいもの。あてにならないもの。

そんなあてにならない誰かのために、生きる必要はないのです。

そんな、あてにならない誰かのために、あなたを犠牲にしたり、我慢する必要はないのです。

何をやってもやらなくても、周りの人は、言いたいように言います。

そもそも、人は救えないし、助けられない。それが大前提です。

自分のことを、本当に救えるのは、自分だけだからです。

人の期待にこたえていると、他人の人生を生きることになります。自己犠牲や我慢の上には、何も成り立ちません。

その前提で、やりたいことを、できる範囲で、できる限り、心をこめて。もし私にできることがあったら喜んで…。そんな軽い感じが、あなたにとっても、周りにとっても、結果、いい影響を及ぼしていくと思うのです。

また、人のために、自分を犠牲にして我慢していると、生命エネルギーが下がり、結局、相手に注ぐエネルギーも減ってしまいます。あなたが幸せでないと、人も幸せにはできません。まずは足元のあなたを満たすところからなのです。

最後に、他人もまた、あなたの期待にこたえるために、生きているわけではないことも、忘れないでいたいものですね。

親のプレッシャーが重い時には

「早く結婚しなさい」「いい人はいないの？」「将来一人は寂しいから」そんな親からのプレッシャーにうんざりする一方で、

「親を悲しませたくない」

「孫の顔を見せて、親孝行したい」

「がっかりさせたくない。できれば期待にこたえ、望みを叶えてあげたい」

そう思うあなたは、きっと優しい人なのでしょう。


小さい頃から、親の期待にこたえようと、振り回されてきたTさん。受験も勉強も仕事も努力で自己実現してきたけれど、恋愛や結婚は思うようにならず、焦っていました。

実は、親に言われて辛い「なんであなたは結婚できないの?」という言葉は、Tさん自身も密かに、思っていたことだったのです。「結婚できない自分はダメ」「魅力や価値がないのかも」「何が足りない? いけない?」と自分を責めてしまう。だからなおさら、そこをつかれると、辛いのです。

あなたが木なら、親は根っこのようなもの。もちろん、命を与えてくれ、育ててくれたことへの感謝は、心の根底に置き、忘れないほうがいいです。でもそれと、**「親の望むよう、親の期待にこたえるように生きる」**こととは違います。

あなたの幸せと、親の幸せは違うのです。親の望む人生ではなく、あなたはあなたの人生を生きていいのです。

また、「親を悲しませたくないから、離婚できない」「好きを仕事にしたいけれど、親が心配するから、安定した仕事をやめられない」「親の面倒見るために、やりたいことをすべて我慢しなければ」と言う人もいます。

「親を悲しませたくない」というのは、昔、子供だった人の多くが、大人になっても持っている優しさです。でもまずは、親との境界線をきっぱり引きましょう。

・親に心配をかけてもいい

・親を困らせてもいい
・親を怒らせてもいい
・親の期待にこたえなくていい
・もう、いい子はやめていい
・親を捨ててもいい

もし違和感があれば、なくなるまで、言葉にしてみてください（実際に「親を捨てる」わけではなく、心の境界線を引き、親離れし、あなたの心を自由にするための練習です）。

親孝行するために、生き方を曲げたり、あなたの道をあきらめなくていいのです。

本当の親孝行とは、あなたが授かった命を、大切に生き、あなたがいつも幸せでいることです。

エネルギーを吸う人には近寄らない

周りの人からエネルギーを吸って、元気になるタイプの人がいます。

「会った後に、ぐったり疲れてしまう」
「一緒にいると、なんだかすっきりしない」
「会うと、眠くてどうしようもなくなったり、体調が悪くなる」
「もうしばらく、会いたくないなぁ…」

心当たりはありませんか？　そういうタイプの人といると、エネルギーを奪われ、力が抜けたような感じがするものです。苦手意識や憂鬱な気持ちは、わかりやすいサインです。

このような相手には要注意です。

・ネガティブで、どんなに話を聞いても、愚痴や不満がなくならない
・嫉妬心が強く、すぐにはりあう
・自慢話やうわさ話が多い
・批判や悪口が多い
・感情的で、すぐにイライラクヨクヨする
・人の話を聞かないで、いつも自分のことに話題を持っていく
・自分の信じる正しさを押し通す人
・思い込みが激しく、「すべき」「あるべき」を人にも押し付ける

1章でも書きましたが、人と一緒にいると、気（エネルギー）が交流します。エネルギーを奪うタイプの人と過ごして、疲れを感じたり、気持ちが重くなるのは、あなた自身の生命力や運気が吸い取られているということ。会う回数を減らしたりして、きちんと距離をとることが大切です。

一緒にいて心が安らがない人から離れることに、後ろめたさを感じなくていいので

す。あなたのことは、あなたにしか、守れないのですから。

Kさんの上司は、エネルギッシュでパワフルな人でした。ただ一言一言がとてもきつく、お説教ばかり。「こんなこともわからないのか」と大声で怒鳴り散らすことは常でした。自分の正しいと思うことを押し通すので、部下たちは怯え、意見を言えなくなっていました。Kさんは、日曜日の夜が辛かったそうです。こういう上司の方も、周りの「エネルギー」を吸い、自分の力に変えていくタイプです。

Kさんのように、会社や親戚づきあいなどで、どうしても、つきあわなくてはいけない場合は、心の中で、しっかりと線を引き、距離をとるようにしてください。無理に心を開いて、理解しあおうとしなくてもいいのです。そういう相手とは、わかりあえませんから。

また、こんなイメージをするのも効果的です。強くイメージするほど、相手からの影響を受けにくくなります。

金色のタマゴの殻に包まれ、
バリアのように守られている。

1）大きな木になる

あなたが大きな1本の木になるイメージをしてみてください。大地に根を張り巡らせてゆっくりと深呼吸していきます。

2）金色のタマゴの殻に包まれる

大きな金色のタマゴの殻の中にすっぽり包まれ、バリアのように守られているイメージをします。異なるエネルギーをはねのけるイメージを持ってください。

3）相手とのつながりをハサミでチョキンと切る

相手とあなたをつないでいる1本のロープをイメージしてみてください。そのロープを、ハサミでチョキンと切ってしまいます。

4）心のシャッターを下ろす

相手とあなたの間に、シャッターを下ろします。頑丈なシャッターなので、相手の言うことやエネルギーはすべてはね返します。もちろん、相手には気づかれません。

エネルギーを吸う人がいたら、遊び心を持って、色々試してみてください。

4章

すべてが思い通りにいく人、いかない人

「あの人を変えたい」と思った時に、
一番効果的な方法

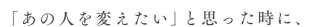

32歳までに結婚しなかった人は、今後も結婚できない?!

グループメンタリングでは、結婚や恋愛自体をテーマに扱うことはしません。それでも、コース中や終わってから、「素敵な出会いがあった」「恋愛がうまくいきだした」「結婚が決まった」というのは、驚くほどよく聞く話です。

しかも、「無理して、婚活するのをやめたとたんに出会った」という方ばかりなのです。

意図的な出会いではなく、「紹介で、年下のいとこの友人と結婚することになりました」「毎朝行くカフェで顔なじみになって」「雨の日に、コンビニの前で傘を借りて」という不思議なご縁が大半です。

また「結婚できる、できない」という表現を使う人もいますが、(失礼ながら)「どうしてこの人が結婚できたんだろう?」「どうしてこんな魅力的な人が独身なんだろう？」と思うことは、ありませんか？

色々と検証してみて、ふと気づいたのは、「結婚」には3タイプあるということです。それも、どのタイプかは、生まれる前に決めてきているようです。

＊1．パートナーとともに、課題や試練を乗り越えていくタイプ

20代で結婚する大半がこのタイプです（平均結婚年齢は、おそらくこの層が決めています）。パートナーと一緒に、子育てをしたり、課題や試練を乗り越えて目標を叶えたり、パートナーやパートナーの家族などと向き合う中で、自分を成長させていきます。会社員やスポーツマンに多いです。

32歳過ぎて結婚していない方は、おそらく、次の2か3タイプです。

＊2．自分の課題をクリアした上でパートナーに出会うことを決めてきているタイプ

その方にとって、「ある課題」があり、その「課題」をクリアした時に、ちゃんと出会い、結婚すると、生まれる前に決めてきているタイプです。

「決めてきた課題」というのは人によって違いますが、①人間関係、②親子関係、③自分との向き合い方に関するものが多いようです。たとえば、「人目を気にせず、自分軸で生きる」「親から自立する」「自分を大切にする」「自分を表現する」「好きなことを思いきりやってみる」…等々。グループメンタリング後に、結婚が決まるのは、このタイプです。たしかにグループメンタリングで扱うテーマに近いので、わかりやすいです。

このタイプは、世間的な「適齢期」には関係なく、50歳、60歳になっても、ちゃんと出会えるのです。

＊3．今回の人生では、結婚しないと決めてきているタイプ

最後は、人生のストーリーとして、今生は結婚とは関係のない人生を送ると決めてきているタイプです。

このタイプの方たちは、女性として魅力的で、有能なキャリア女性や経営者、芸能や芸術、教育関係に多いです。

たとえば、黒柳徹子さん。才能豊かで美しい方ですが、今もお独りです（私の中では、阿川佐和子さんや、女優の名取裕子さん、沢口靖子さん、大塚家具の大塚久美子社長もこのタイプではないかと思っているのですが、タイプ2なら、おいくつになっても結婚されるので、今は検証中です）。

このタイプは、いずれかの過去世で、家族や周りに尽くすことがすべてで、「自分の意志」や「自分の時間」というものがなかったようです。「家族に尽くす」「人に合わせる」「誰かのために生きる」というテーマは、過去世でやり終えたので、今回の人生はすなわち、**ごほうび人生！** 誰かのためでなく、「自分を生きる」ことをテーマにしてきたようです。ふさわしい魅力や才能も、兼ね備えて生まれてきています。

ただ、残念なことにタイプ3の方が、「結婚が幸せ」という思い込みにとらわれると、「世間体が…」「親に申し訳ない」「結婚できないのは自分に何かが足りないから」と、肩身が狭くなってしまうのです。

「こうあるべき」「これが普通」という感覚にとらわれすぎると、苦しくなってしまいます。 適齢期なんていう社会が決めたものさしに、振り回されなくていいのです。

32歳過ぎて、結婚されていなければ、タイプ2か3の可能性が高いです。まずは、自分の課題と思えることをクリアしてみること。相手に関係なく、自分の可能性を見つけて、まずは自分で自分を幸せにすることです。**無理に求めなくても、あなたが自分を生きる時、ふさわしい出会い（パートナーに限らず）は、自然に訪れます。**

※タイプ2・3の人が、早い段階で結婚すると、「離婚」や「死別」という形をとることもあります。タイプ2の方なら、離婚しても、課題をクリアすると、本命の出会いが訪れます。まれに、課題を乗り越えないまま、何度も結婚し、離婚を繰り返す人もいます。

※子供さんを授かるかどうかも、どうやらこの2、3タイプと同じことがいえるようです。「不妊治療をやめたら、子供を授かった」というご報告も、卒業生さんから多々いただいています。

いつも同じパターンのトラブルや別れになる…と思った時には

「いつも同じようなパターンでふられるんです。『最初はご縁がなかったんだ。それまでの関係だったんだ』と割り切っていましたが、同じことが何回も続くので、さすがにおかしいと思い始めました」というご質問をいただきました。

たしかに私自身、こう思っています。

「自分らしさを出して、去っていったのなら、それはご縁のなかった人」

ただ2回以上、同じパターンを繰り返すなら、あなた自身を見つめ直す必要があります。

繰り返されるトラブルや別れ。度々わきあがる、居心地の悪い感情。「前にも、こういう嫌な想いや経験をしたことがあるなぁ」と思ったら、あなたの中の「見直したほうがよいパターン」に気づくために、起きている可能性が高いのです。

気づかなければ、同じパターンを繰り返し、行き詰まっていきます。
ここで、あなた自身を振り返ってみましょう。

・あなたの望んでいることと、相手の望んでいることにズレはなかったか？
・相手に気持ちを押し付けすぎていないか？
・「相手のため」と言いつつ、「自分のため」になっていないか？
・人のお役に立つことで、相手からの賞賛や感謝を求めていなかったか？
（「こんなにしてあげたのに、わかってくれない」と、相手を非難していないか）
・ちゃんとＮＯを言えていたか？　嫌われたくなくて、我慢しすぎていなかったか、無理していなかったか？
・伝えるタイミングや伝え方が、独りよがりではなかったか？

あえて辛口でお伝えしますが、あなたは親切のつもりでも、相手にとってみたら、大きなお世話や迷惑ということもあります。「相手のためによかれ」と思ったことでも、相手は「重く」感じることもあります。それなりに相手を思いやっていても、「嬉しい♪」と感じるツボがずれていると、不幸を招くこともあります。

相手には相手なりの主義や価値観があり、世界があり、あなたに見えていない事情もたくさんあるはずです（これは、恋愛に限らず、部下や子供、友人などにもいえます）。

そこに気づかず、あなたが同じ行動パターンを繰り返すと、相手が変わっても、結局は、同じことが起こり続けるのです。

クリアする唯一の方法は、人のせいにしないこと。

辛い時は、ついつい「あの人があんなことをしたから」「私は悪くない」と、人のせいにしたくなるかもしれません。でも相手のせいばかりにし、自分が変わらなければば、同じことが繰り返され、ますます状況は悪化していきます。
どんな状況や理由があったとしても、**「すべて、私の責任です」**と、自分に矢印を向け、すべてを引き受け、はらをくくってください。すると、不思議なほど、現実が変わり始めます。まるで、魔法がかかったかのように。

ポイントは**「気づいて、次にいかすこと」**。
「あの時、ああしておけば」「なんで〜したんだろう」と、過去の自分を責める必要はありません。気づいて、変えれば、流れは大きく変わり、うまくいき始めるのです。

「あの人を変えたい」と思った時に、一番効果的な方法

「あの人のわがままな行動や態度が、社内の空気を悪くしているんです。あの人がちょっと変わってくれたら、みんな、助かるんですけどね」

「子供がいつも、人の顔色ばかり見るんです。もっとのびのびしてくれたらいいのに。いい方法はないですか?」

「職場での飲み会。私ががんばって、サラダを取りわけているのに、後輩Aはいつもニコニコ食べる係。もっと気配りしてほしい!」

グループメンタリングでも、同様のお悩みをご相談いただくことが、よくあります。

人が抱える悩みの9割は、人間関係だという、研究があります。それほど、思い通りにならないことが多いということでしょう。

人を変える方法は、無数にありますが、一番効果的なものをひとつあげるとしたら…

そうですね。ここまで読んでくださったあなたには、すでにもうおわかりでしょう。

あなた自身が、「自分の好きなことをやり、生きたいように生きること」です。

どういうことかというと、「相手を変えたい」「あの人にイライラする」という時は、次のようなケースが多いのです。

1. 本当はやりたい。でも「我慢していること」「やってはいけないと、自分に禁じていること」を、相手がサラリとやっている時。

2. 本当はやりたくない。でも「みんなのためにやらないといと、我慢してやっていること」を、相手がやらない時。

3. 自分の嫌なくせや変えたいパターンを、相手がやっている時。

人を変えたいと思うのは、逆にあなたの中にある「変えたほうがいいこと」「見直したほうがいいこと」が反応しているサインだったりします。**だから、相手に反応してしまう自分を、見つめなおしてみることです。**


「我慢や無理をしていないか？」

「あきらめていないか？」

「常識に縛られすぎていないか？」

「望んでいる人生を歩いているか？」


「やらないと嫌われる」「ダメだと思われる」そんな恐れが、根っこにあると、やりたいことを我慢したり、やりたくないことを無理してやることになります。

すると、内にたまった怒りや不満が相手に向き「相手を変えたい」となるのです。


気づいたら、できることからまず一歩。

あなたが好きなことをやり、生きたいように生き、心が満たされていくと、人のことはそれほど気にならなくなっていくものです。そんなあなたに合わせ、周りも自然と変わっていきます。無理に相手を変えようとしなくても。

冒頭の質問をしてくださったお母様は、ママ友や親戚づきあいで、相手の顔色ばかり気にするのをやめ、自分の気持ちを大切にするようにしたそうです。気づいたら、子供さんも、のびのびして、言いたいことを言うようになったり、素直に甘えるようになったそうです。

さっきの飲み会の方は、後輩Aさんと同じように、周りにまかせてみたところ、自然と、別の人が動いてくれるようになったとか。自分一人でがんばらなくても、場はスムーズに回ることに気づいたそう。

「この人を変えたい」「この人をなんとかしよう」としなくていいのです。

「人を変えたい」と思った時こそ、あなたの中の何かを変えるタイミング。あなた自身に意識を向けてみてください。

「家族にピッタリのいい本があるのですが、どうしたら、読んでくれるでしょう?」「子供や夫を、このセミナーに参加させたいのですが…」というご質問もよくいただきます。

そう思うなら、まずあなたの人生で実践してみてください。

私のセミナーには誘われてもいないのに、親子、姉妹、ご夫婦、ご友人の変化を見て、参加される方がとても多いのです。伝えたいことは、あなたの生き方や変化を通して、自然と周りにも伝わっていきます。

イラッとしたら、まずは「そうだね」とひと呼吸

あなたが理解できないことを、相手がしたり、言った時、
それは、相手とあなたの「普通の基準」（考え方や価値観、常識）が違う時です。
「間違っている」「おかしい」「信じられない」「普通はこうでしょう?」と、反論したり、白黒をつけたくなるかもしれません。そこですぐにあなたの考えを言い返してしまうと、相手に「わかってもらえなかった」という印象を与え、感情論になりやすく、エスカレートしやすいもの。

そんな時は、この言葉を使ってみてください。

「なるほど」「それもそうですね」
「へえ、そういう意見や見方もあるんですね」（私とは違いますが）

いったん相手の言葉を受け止め、ワンクッション置くことで、相手の印象は、かなり変わります。「わかってますよ」という一言で、相手の心が満たされることも多い

のです。

相手が反発すればするほど、それ以上に強く押し返そうとするのが、人というものです。あっさり受け入れてもらえると、気持ちがやわらぎ、戦闘モードではなくなります。

また、二人の雰囲気が険悪な時こそ、あなたのほうから、優しい行動に出てみることです。

「白いカラスがいてもいい」という心のゆとり

「私が正しい」「相手が間違っている」と言いたくなるのは、「私のほうが優れている」と実感したい気持ちが、潜んでいたりします。そんな時は、白か黒か、決着をつけたくなるものです。

「これを頼んだのに、なんでやっておいてくれないの？」

「え、聞いてないよ」

「いや、ちゃんと昨日伝えました。だってここにメモがあるでしょう！」

「いや、そんなメモ、もらってないし」


あなたの意見を通せば、相手を否定することになります。

たとえ、その場は押し切っても、否定された相手の心の中には、しこりが残ります。


人間は、忘れたり、勘違いする生き物ですし、「正しいのは自分」と思いがちなのです。また、あなたの常識と、相手の常識は違います。相手の置かれた状況や立場を、あなたがすべてわかっているわけでもないでしょう。

人間関係で、「正しさ」や「有能さ」を証明しても、幸せにはつながりません。

相手を追い詰め、傷つけて、小さな「勝ち」を手に入れても、関係が壊れてしまえば、本末転倒です。正論は正しすぎるがゆえに、時に人の心を傷つけます。

よっぽど大勢に影響なければ、はっきり白黒をつけたり、相手を正そうとしないほうがいいのです。曖昧さは優しさにつながります。

たとえば、あなたには黒く見えるカラスを、相手が「白いカラス」と言ったとしましょう。そんな時こそ、「いるわけがない」と否定せず、「へえ、そういう見方もあるんだね」と、流すようにしてみてください。実際、白いカラスがいてもいなくても、あなたの人生の幸せには、何の影響もないのです。Aさんの立場になればAさんが正しく、Bさんの気持ちになれば、Bさんが正しいのでしょう。みんな自分の正しさと基準で動いています。

「白いカラスがいてもいい」というのは、「白いカラスの存在」を肯定しているわけではありません。

「白いカラスだと思い込んでいるあの人」の気持ちや立場を尊重する、心のゆとりです。

「これしかない」と決めつけるのではなく、「色々あるかも」とやんわりと、受け止めてみる。そんな風に心にゆとりを持っていると、相手もくつろいだ気持ちになっていきます。あなたの周りにも、広い心の人が自然と集まってくるようになります。

なぜか、何をしても許される人、愛される人は、ここが違う

なぜか、何をしても許される人や、笑い話ですまされる人がいます。どうしてでしょう?

実は、その人自身の「捉え方」が、そのまま反映されているのです。

たとえば、信頼している人が、あなたの常識や価値観では理解できないことをしたり、よからぬうわさや評判を耳にした時、あなたはどう思いますか？

表面的な一部だけを見て、「信じられない」「そんな人とは思わなかった」と、手のひらを返したようにするか。それとも、どうしてそんなことをしたのか、理由はわからないけれど、「きっと何か、事情があったんだろう」と深い部分で思えるか。この違いなのです。

人に対する見方や、人に向けた眼差しは、そのままあなたに返ってきます。「あなたが周りの人を、どう見るか」と、「周りがあなたをどう見るか」は、実は同じなのです。

周りに対して、厳しい見方をする人や、すぐに白黒をつける人は、同じように、周りからも、厳しく見られ、白黒をつけられやすいのです。

前に書いた通り、人は多面体ですし、間違える生き物です。どんな面も、その人の一部にしかすぎません。**一部だけ見て、すべてを判断することはできないのです。**何が起きても、これまで、あの人があなたにしてくれたこと、関係性の中であなたが感じた気持ちは事実であり、それは変わらないのです。

相手に対する見方は、そのまま、周りからの「あなたに対する枠」を設定します。

その枠が広がるほど、多様性や違いも、受け入れられやすくなります。あなたも周りに許され、批判されにくくなります。だから、枠を狭めて、人を裁かないほうがいいのです。あなたのために。

世の中の壁は、あなたの心の壁から崩していく

また、「自分自身をどう扱っているか」と、「周りがあなたをどう扱うか」も、実は

同じです。

・人が自分を大切に扱ってくれない。助けてもらえない
・叶えたい夢があるのに、反対されたり、足を引っ張る人が多い
・ものごとがスムーズに進まない

それは「世の中の壁」ではなく、実は、「あなたの心の壁」なのです。

「自分に厳しい」「自分を大切に思えない」
「私には無理」「自分にダメ出しばかりしている」
「目立って、人から批判されたくない」「世の中に出て、影響力が出るのが怖い」

そんなあなたの心の抵抗や、自分自身を否定したり責める姿勢が、そのまま周りに反映されているだけなのです。自分を粗末に扱っていると、周りからもぞんざいに扱われます。たたかれないよう、本当にやりたいことをやらずに、我慢していると、我

慢やあきらめなくてはいけない現実が生まれます。逆に言えば、あなたが自分を許すほど、世界も同じように変わっていくのです。

・失敗した自分も、許す
・自分の素晴らしさや輝きを、抑えない

あなたが自分を大切にすると、
世界もあなたを大切にしてくれる。

・やりたいことがあるなら、そんな自分の一番の応援団になってみる

出したものが、受け取るものです。
あなたが、相手や自分に向ける想いが、鏡のようにそのままあなたに返ってきます。

どんなに周りや世界を変えようとがんばっても、あなたという鏡が変わらなければ、映る世界は変わらないのです。

自分のネガティブな面を認めると、「こんな自分がいてもいいんだ」と、深いレベルで安心できるようになります。心底、安心を感じられるようになると、やがて現実も、安心できる世界へと変わっていきます。

ダメな面があっても、あなたそのものからダメという訳ではありませんから。

自分で自分のことを認めていると、叶えたい夢を応援してくれる人が現れたり、ものごとがスムーズに運ぶようになっていくのです。

自分や周りに対する見方を変えるだけで、世界はいくらでも、あなたに優しくなっていきます。**あなたはもっと自由に生きていいんです。**

コラム 人生はゲームのようなもの

物質的に恵まれ、何も問題がなく過ごせるのがいい人生だと考える人もいますが、多くの問題に直面し、乗り越えていくことにも、深い意味と価値があります。

思いもよらない試練を通して、自分に向き合いながら、嬉しさ、ワクワク、悲しみ、怒り、絶望など、色々なことを体験し、学ぶことが目的なのです。

そう、人生はゲームのようなもの。

何事もなくすんなりいくほうがいいと思いがちですが、「人生ゲーム」を想像してみてください。人生がゲームだとしたら、過程で色々あったほうが楽しいのです。

映画と同じように、人生というシナリオでも、「冬」や「夜」もあり、「台風」のような逆境的な出来事を背負い、苦労や幸せを感じながら、生きる喜びを味わっていくことができます。その中で「いかに生きるか」を学んでいきます。

トラブルや試練の渦中にいると、楽しめないかもしれませんが、そんな時は、この視点を思い出してください。

＊トラブルや問題　↓「当たり前」の幸せに気づけたり、改めて周りに感謝できる。

＊病気やケガ　↓健康のありがたさや「何かを変えたほうがいい」と気づくサイン。

＊人との突然の別れ　↓今あるご縁を大事にしようと思えるきっかけ。

＊災害　↓当たり前ではないこの日常が、幸せなのだと、自覚できる。

＊どん底　↓天の采配《さいはい》。思い通りにならないことにも意味があり、次に必ずよいことが起こる前触れ。

「完璧で理想通りの人生を生きること」や「より速く、より多くを手にして、成功すること」ではなく、「色々な経験から学び、心を成長させること」が人生の目的なら、問題やトラブルも、必要なレッスンです。

生きて体験するすべてが、あなたの幸せにつながっています。

負けたことのない人生ゲームなんて、面白くないでしょう。たとえ試練であっても、神様がくれたギフトです。**人生であなたがすることは、すべて「実験」です。**実験してみて「違う」と思えば、やり方を変えるだけなのです。

また「この世に遊びに来た」と思い、こんな視点も試してみてください。たとえば、あなたの人生が、ひとつの映画だとします。

①俳優としての体験型

映画の登場人物として、実際に、起こる出来事のひとつひとつを体験し、新しいことにチャレンジしたり、苦しみや大変なことも乗り越えていきます。ただ、はまってしまうと、感情移入しすぎて、がんじがらめになったり、苦しむこともあります。

②スクリーンを見る観客型

映画館の座席に座って、スクリーンを、遠くから眺める（俯瞰《ふかん》する）イメージです。

「このことには、どういう意味がある？」「ここで何を学べばいいの？」「次の展開は？」「サインは？」というように、起こる状況を客観的な視点で、冷静に見つめていきます。

しんどいと思った時にこそ、スクリーン前の観客になったつもりで、「じゃあ、どうする？」「どんな展開なら理想的？」と、あなた自身に問いかけてみることです。「色々あったけれど、結局素晴らしい人生だった」と最後に思えるよ

うに。

人の命は短く、生かされている時間は限られています。身近な人や動物などを通して、命の限りを知ると、目の前の問題や悩みは、小さなことに思えてきます。いきづまったら、そんな視点も持ってみてください。

何があったとしても、あきらめずに乗り越えてきたから、今、あなたはここにいます。それだけですごいことなのです。

5章

何があっても、
宇宙はあなたを困らせない

「私はきっと大丈夫」と決めると、
未来が動き出す

ピンチやトラブルが起きる3つの理由

ピンチやトラブルが起きる時には、3つの意味があります。

苦手な人や合わない人と仕事をしなくてはならない時、
いわれのない陰口や批判をされる時、
急にリストラされたり、望まない異動があったり、急に別れを告げられたり。

「この先、どうなっちゃうんだろう」
「どうして、こんなことが、起こるんだろう？」
「なんで、私だけが…」

起きたことの意味がわからなくて戸惑ったり、思い通りにいかず、不安や絶望的な気持ちになったり、「もうダメだ」とあきらめの気持ちがわいてくるかもしれません。

ただ大前提は、「宇宙はあなたを困らせない」ということ。あなたは大自然の一部です。そんなあなたを、宇宙は決して困らせないということを、まず知っておいてください。

その上で、想定外のことや、ピンチやトラブルが起きる時には、3つの意味があります。

＊ひとつめ：「何かが違っている」「直したほうがいい」という、自然界からのお知らせ

たとえば、突然、心の疲れや不調、病気が現れるのは「働き方や生き方を見つめ直したほうがいいですよ」「気をつけなさい」というサイン。

食べすぎ、お酒の飲みすぎなら、いずれ体調を崩します。人間関係のトラブルが続くなら、周りへの配慮や感謝が足りないからか、逆に、ノーを言う勇気が必要かもしれません。気づいて直せば、やがてことは、スムーズに流れていきます。このケースは、自分自身に、なんとなく心当たりがあるものです。

＊ふたつめ：春夏秋冬のサイクル

訪れるべくして訪れる「冬」の時期です。震災や災害、命に関わる致命的なケガや難病、家族の事故など、あなた一人の力ではどうしようもできないことに見舞われたケースです。

この時期は、無理にがんばろうとしないこと。「私の何が間違っていたんだろう？」と、必要以上に自分を責めたり落ち込んだりして、心を無駄に傷つけないことです。心は、壊れたらとりかえしがつきませんから。

土に埋めたタネの芽が出ないからと、どんなにつついても、冬なら芽は出ません。この時期は、自力でがんばっても、状況は変わりにくいのです。思い通りにことが進まない時は、無理に前に進もうとせず、地中に深く、根を下ろすこと。**深化**する時期です。必ず春はやってきます。冬の期間は、時が来るのを、静かに待つことです。

＊3つめ：ピンチのふりをした「大きなチャンス」

今まで順調だったことが、急にうまくいかなくなったり、仕事や人間関係で想定外のトラブルや問題、ショックなことが起きたりして、心が押しつぶされるような時や、どうすればいいのかわからなくなる時が、きっとあなたの人生にもあると思います。

クライアントの経営者Hさんの人生にも、衝撃的なことが起こりました。ある日の経営会議で、突然、解任されてしまったのです。自分がつくった会社を、信頼してきた人たちに乗っ取られてしまうという、ドラマのような出来事でした。

「人なんて信頼できない」「人生はもう終わりだ」「これ以上、がんばれない」

そう言って、しばらくはお酒浸りで、かなりひどいうつ状態でした。Hさんを慕って集まっていた人たちも、次第に離れていってしまいました。

でも何度もコーチングで対話を続けるうちに、力がふっと抜けたんです。気持ちが前向きに変わり、やがて、新しいビジネスアイディアもわき、新たな会社をスタートすることになりました。「今までの会社は大きくなりすぎて、感動が減ってきていたけれど、今は、新しいビジネスにワクワクしている」と、本当に楽しそうです。

うまくいかない時に離れていった人は、それまでの人だったということです。人間関係の禊《みそぎ》が行われたと思えばいいのです。

大切なモノを失った時、信頼している人に裏切られた時、想定外のトラブルが起きた時、「なんとか取り繕おう」「取り戻そう」と無理にしがみつかずに、「天にお任せ」と思いきって手放してみてください。**間違いなく、その後には、大きな幸運が舞い込んでくるのです。**

事故で右足を失った人が書いた「健康な体の一部を失ったけれど、そこを補ってあり余る優しさを得た」というコメントをネットで目にしたことがあります。絶望の中にも、新たな幸せを見出すことは、多いのです。

その時は意味がわからなくても、トラブルに思える出来事には、必ず隠された意味があります。あなたの人生をステージアップさせるための「天の采配《さいはい》」です。**状況を変えられなくて、いきづまった時こそ、心を変える時。** あらゆるピンチやどん底は、チャンスに変わるのです。

一つの扉が閉まれば、別の扉が開くものだ。しかし、人はしまってしまった扉を、長い間未練たっぷりに見つめてしまい、自分のために開かれた扉に気づかない。

（グラハム・ベル　発明家）

大切なものを失うのは、大きな幸運が舞い込むサイン

どうしようもない不安や寂しさ、苦しさを感じて、「この先、どうなっちゃうんだろう」という思いで胸がいっぱいになったら、思い出してください。「今は、ステージアップの時なんだ」と。

なぜなら次のステージにいくためには、一度抱えていたものを手放し、身軽になる必要があるからです。いわば、今のステージから、勢いよく背中を押し出されるのです。

乗り越えれば、その後、以前より大きな幸せや変化が、必ずやってきます。その時に、過去に起きたすべてのことに対して、改めて感謝の気持ちがわいてくるのです。

「ああ、このために天はあの出来事を起こしてくれたのか」「思い通りにならなかっ

たことこそが、よかった」「あの時の挫折や失敗があったおかげで…」と、改めて起きたことの意味がわかるようになります。

起きた出来事に悩み、心を閉じて、やさぐれてしまわないで。繰り返しますが、何が起きても、どんな時も、**「宇宙はあなたを困らせない」**のです。

不安に思ったり、困った時には、おまじないだと思って、心が安心するまで、何度もつぶやいてみてください。

「どんな時も、何があっても、宇宙は私を困らせない」

よかったら他にも、こんな言葉を。

「大丈夫！　最後は絶対、うまくいく」
「私は、幸せになるようになっている」
「私に起こることはすべていいこと」

根拠がなくてもいいのです。そうなることが決まっているかのように言うのがポイントです。あなたが本心から強く思うことで、自然とのつながりがより深まり、サポートを受けやすくなっていきます。

あなたは、かけがえのない宇宙の一部なのです。あなたが本当に困ることは、本来、起こらないようになっています。あなたが心を閉ざさない限り。

「そんなことが起こるとは思わなかった」「うわ〜、どうしよう」「なんとかしなきゃ」と焦るほど、不安でいっぱいになっていきます。あなたの想いが不安をあおり、問題をどんどん大きくしていることもあります。

起こった事実は事実です。でもその後、どんなエネルギーを出すかで、その先の未来は、まったく変わっていくものです。どんなに辛いことが起きても、小さなきっかけで、大きく好転することはよくあります。いつまでも運命や誰かのせいにしていたり、うずくまって泣いていると、ますます負のスパイラルに陥ってしまいます。**落ちた後の気持ちが、その先の未来を決めていきます。**

「きっと大丈夫」と、先にゴールを決めてしまえば、意識したところへエネルギーは集まり、現実化しやすくなります。**エネルギーは、意識を置いたところに集まるという法則があるのです。**また、脳にも「行き先」をインプットすると、自動運転で目的地に向かって動き始めるという性質があります。

「私に起こることは、すべていいこと」「たとえ、今はわからなくても、きっと、いい流れにつながっていく」という前提で生きていると、その「前提」の未来から時間が流れてくるように、「今」がつくられていきます。

奇跡を起こす祈りの力

「祈り」は、宗教的なもので、特別な時にするものと思っていませんか?
でも、「祈り」は特別なものではありません。

クリスチャンである鈴木秀子さんという方の言葉に、こんなものがありました。

渡米時に、印象的なことがありまして、ある時私のいた教会に、大学病院に入院する重度のがん患者40名ほどの名前が配られたんです。この人のために毎日祈ってくれって言われて、祈り続けました。

半年後、病院内で、同じレベルの症状の患者さんは75%が亡くなってしまったけれど、祈られていた患者さんたちはどんどん回復して、亡くなったのはたった4人。彼らには毎日「教会で毎日あなたのために祈っていますよ」と伝えていたそうです。

信仰ある人にとって祈りがいかに力を与えるか。

人間の力を超える何かが自分を支え守っていてくれる。「だから大丈夫、安心だ」と確信をもった時、人は生き延びていくんだなって思ったんです。

（月刊『致知』致知出版社・2005年5月号「この道に生きる」より）

別の研究では、「患者さんが祈られていることを知らなくても、祈りの効果がある」ということが明らかになりつつあります。**ということは、祈り自体に力があるのです。**

祈りの力は静かですが、時空を超えて、大きな影響力を持つことを、私自身、何度も目の当たりにしました。**「祈り」は奇跡を起こします**。そんな奇跡を起こす力を、私たちは誰もが持っているのです。

「祈り」というとピンとこない人は、「明確に強く想う」と捉えてみるといいと思います。

・お客様や周りの人を想って、目の前の仕事に誠実に取り組む
・家族の笑顔を想って、食事をつくる
・心を込めて、掃除する
・友人や家族の幸せを願う
・試験や大きなチャレンジを迎える人を、心の中で応援する
・病気や悩みなどを抱えている友人の心が安らぐようにと、想ってみる

「目の前のことに心を込める」「大切な誰かを想う」。それも祈りだと思っています。

よかったら、家族や友人に、愛のエネルギーを流すイメージをしてみてください。

あなたを通して、大自然から注がれる愛のエネルギーを、周りに広げていくのです。
やってみると、あなた自身がとても幸せな気持ちになっていることに気づくでしょう。人の幸せを祈る人自身が、一番、愛や幸せに包まれるのです。「バラを差し上げたその手に、バラの香りは残る」という言葉通りに。

過去の悲劇に引きずられない

「○○のせいで」「○○があったから」と、いつまでも過去に意識が向いてしまう。うまくいかない原因を、過去に探してしまう。でもそれは心の無駄です。過去はいくらでも変えられます。なぜなら、過去の意味づけをしているのは、「今」だからです。

起きた「事実」はシンプルです。

たとえば、「うまくいかないのは学歴がないから」と言う人がいます。一方、経営の神様といわれた松下幸之助さんは、「経営者として成功できた理由は？」と質問された時に、「学歴がなかったおかげで、素直に人の言葉に耳を傾けることができた」答えられたというのは、有名な話です。

今が幸せなら、過去のすべては「～のおかげで」とギフトに変わるのです。

過去に同じ経験をしても、今のあなた次第で、その意味はまったく変わってしまいます。**今が変われば、過去も変わるのです。**

起きたことには、必ずプラスとマイナスの面があります。辛いことが起こった時には、マイナスの面にばかり焦点が当たり、その出来事のプラスの面を、無意識のうちに、消してしまっているのです。

そんな時は、

「その嫌な出来事があったおかげで、得られたことは何?」「何を学んだ?」と自分に問いかけて、消去していたプラスの面を引き出してみましょう。嫌な経験が、価値あるものに変わっていきます。それでも、まだ否定したい過去があったら、こう唱えてみてください。

「○○があったおかげで、結局、すべてうまくいきました」

(○○には「母が厳しかったおかげで」「いじめられたおかげで」「勉強ができなかったおかげで」「就職活動がうまくいかなかったおかげで」など、否定したい過去を入れます)

心から思えなくても、繰り返し、唱え続けてみてください。**やがて心が癒され、過去が浄化されていきます。**

「うまくいかない」のは、「過去の出来事のせい」と、あなたが結び付けているから、過去にエネルギーが集まり、ますますそう思ってしまうのです。

どんな選択も間違ってはいないのです。

その時は、その時なりに「ベスト」と思ったことをしていたのですから。

たとえそれが後になって、

「間違っていた」

「やめておけばよかった」

「どうしてあんなことをしたのだろう」

「もう一度時間を戻したい」

どんなに後悔したとしても、起きてしまったことは、もはや過去です。

とりかえしのつかないことは、もはや仕方ないと、割り切ること。

傷をやわらげる唯一の方法は、起きた悲劇を、生きる糧《かて》（ギフト）に変え、前を向いて歩いていくことです。

3階建てのビルを壊してしまって、「あー、失敗した」と嘆くより、その後に、5階建てのビルを建ててしまえば、「あの時、3階のビルが崩壊したおかげで」と、過去に感謝できるようになりますから。

取り戻そうとしなくていい。
やり直そうとしなくていい。
今、ここから始めていこう。

心の奥にある感情と向き合う方法

ものごとには陰と陽があるのは自然なことです。

どんなに地位のある人でも、周りから慕われている人でも、穏やかで幸せそうな人でも、心の奥には、「悩み」や「痛み」を抱えていることって多いのです。

瞬間瞬間、心の中には、色々な感情が生まれていきます。

それは、キレイな感情だけでなく、一般的に「ネガティブ」といわれるものもあります。

「あの人がうらやましくて仕方ない」
「上司が嫌いで、イライラする」
「失敗すればいいのに」

「そんなもの、私にはない」とごまかしたり、「そんな風に思ってはいけない」と抑えることもできるでしょう。でもごまかしてしまうと、**「消化できない感情」**として、心の中に残ります。

感情は抑えてしまうと、内にたまって、ますますエネルギーを強めます。無視されたり、否定された感情は、何かあると、突然、表に出てきたり、暴れ出したりします。「突然、やる気がなくなる」「本当の気持ちがわからなくなってしまう」「イライラしやすくなる」といった感じです。

また、心のしこりになって、うつや摂食障害などの病気を引き起こすこともあります。

それは、「消化できない感情」からの「気づいてほしい」というサイン。どれもが自然な感情です。自分の中にあるブラックな感情や、嫌な自分を見つけたら、認めてみてください。

胸に手を当てて、こんな風に自分と対話してみるのもいいでしょう。

「あ〜、私って、こんなずるい面がある」（そんな私もいいよ）
「あの人のこと、本当は嫌いで、顔も見たくないんだ」（無理しなくていいよ）
「将来のことが不安なんだ」（わかる、わかる）
「あの時は悲しかったね」「つらかったね」（よくがんばったね）
どんな感情がわきあがってきても、◯（マル）です。

その感情の存在を認めて、「あってもいいんだよ」と受け入れるのです。

見ないふりをしても、その感情は、たしかにあなたの中にあります。あなたの一部なのです。**だからこそ、無理にフタをしたり、切り離したりせず、「ある」と認め、許していくのです。どんな感情でも、寄り添うと、落ち着いていきます。**

そうやって、抑えてきた感情を癒やしていきます。抱えたままの感情を、認めると、自分の中でバランスがとれてきます。

「ブラックな面も色々あるけど、それも私なんだ」「こんな黒い自分もなかなかいい」そんなふうに思えるようになり、自分をまるごと肯定できるようになっていきます。

イラッとする相手には、「ポジティブな上から目線」で

あなたの周りにもいませんか？　側にいると、ついイライラしてしまう人。

「どうして、あんなことばかりするんだろう」とイライラしつつも、ますます気になってしまうのです。意識を置いたところに、エネルギーは集まり、増幅してしまうからです。

イラッとするのは残念ながら、あなたが相手と同じ土俵に立っているから。

たとえば、幼稚園児同士だと、ささいなことでケンカします。でも、大学生と幼稚園児では、同じ目線で、本気でケンカすることは、ほとんどありません。

こんな時、おすすめなのが**「ポジティブな上から目線」**です。

相手が、「立派な大人」だと思うから、イライラが募るのです。
「上司だから、もっとこうあってほしい」
「感情にまかせて、部下にあたるのはやめてほしい」
つい、理想や文句を言いたくなります。

こんな時こそ、「ポジティブな上から目線」で、心の中で、こうつぶやいてみてください。

「あんなにペコペコしないと、生きていけないなんて、哀れだなぁ」

「会社でふんぞり返っている上司、本当は劣等感が強いんだろうなぁ」

「あんな小さなことで怒るなんて、器が小さすぎる」

「わがまま放題やっているけど、そのうちしっぺ返しはくる。かわいそうに」


イラッとした時は、器を大きく変える時です。

〈ポイント〉
・そこそこの場所ではなく、「思いきり」上から目線に立つことです。
・目的は相手の批判ではなく、「あなたを守ること」「あなたが楽になること」です。罪悪感を覚えなくていいのです。「遊び心」を持って、軽い気持ちでやってみてください。
・あなたがいくら許したとしても、「その言動を肯定した」ことにはなりません。相手の言動は、すべて相手のもとへ返り、本人が責任をとるようになっていますから、大丈夫です。「まいたタネは、自分が刈り取る」のが、自然界のルールです。

上から目線に立つと、見える世界が変わり、心に余裕が生まれます。あなたの器も広がります。そして、あなたの器が大きくなっただけ、入ってくる幸せが広がってくるようになります。

年齢、役職、役割が上だから上といって、人間性が上というわけではありません。社会的に有名で、「すごいと言われる人」が人格者だとは限りません。

そんな相手と、同じ目線で、はりあっていては、あなたの心がすり減るだけ。心の無駄ですよ。

あなたの心が優しくなると、イライラすることが減り、周りから優しくされるようなことがもっと増えていくはずです。

新しいことを始めると、もれなく「恐れ」がセットです

新しいことにチャレンジしたり、人生のステージが変わりつつある人が、一番悩まされる感情。それは「恐れや不安」です。

人には、危険を察知して、事前に防ごうという、生命維持機能があります。脳は「状況が変わる＝危険」と判断するので、新しいことをしようとすると、「恐れや不安」というシグナルを発して、環境が変わらないようにブレーキをかけるのです。うまくいかない恐れ、失敗する恐れ、一人になってしまう恐れ、すべてを失う恐れ……等々。うまくいかないことや失敗する可能性ばかり気になるのは、命を守ろうとする、自然な反応です。

ですから新しいことを始めると、もれなく「恐れや不安」という感情はセットでついてきます。特に、大切に思っている分野だと、なおのこと不安は増す一方でしょ

う。

ただ、「恐れや不安」の感情は、味わいすぎるとはまります。「会社をやめて、うまくやっていけるだろうか」「お金は足りるかな」こんな不安が大きくなりすぎると、だんだん動けなくなり、守りに入ってしまいます。

以前、バンジージャンプをした時のこと。地上20メートルの飛び込み台の頂点では、なんとも言えない不安が募ってきました。頂点に長くいるほど、不安が増してしまったようで、30分くらい格闘したうえ、結局飛び込めなくなってしまった人もいたのです。

不安や恐れを解消する唯一の方法は、とりあえず「行動」し、ひとつひとつ、足元を固めることです。

会社をやめて、好きを仕事にしたいと思っている時、不安でじっとしていても、未来は変わりません。「資金が足りなくて、お金がない」という不安を感じきっても、手元のお金がいきなり増えるわけではありません。

「恐れや不安、問題をクリアにしてから進む」「不安だからやらない」ではなく、恐れや不安を抱えたままでも、とにかく一歩踏み出してみるのです。

行動することで新たな流れができることがあります。思いのほかスムーズにいったり、思わぬ協力者が現れ、違う展開が生まれることだってあります。やっていないから、先が見えず、不安がわいてくるのです。心にそって動いた時、運命的な展開が起こることもあります。

また、不安にばかり目を向けるのではなく、「で、本当はどうしたい？」と心に聞いてみることです。

本当の気持ちを見つめた時に、わいてくるインスピレーションや、「こうしてみたい」という気持ちに従い、素直に「行動」してみることです。**「新しいことにチャレンジしよう」とあなたが決めた上で、思いつくことは、直接、つながりがないように見えても、必ず意味があるからです。**

許せない人がいる時の心の持ち方

この本では、「許す」という大切なキーワードが時々登場します。

とはいっても、どうしてもあの人が許せないという時に、「許しましょう」「許せば楽になります」と言っても、難しいですよね。**許せないから苦しんでいるのです。**

「許せない」という気持ちの奥には、自分の大切な何かを、奪われたり、傷つけられたという気持ちがあります。

自分の大切な何かというのは、たとえば、願っていた未来。手に入るはずだった愛情。相手への好意や信頼。自分への尊厳。悲しい想いをした自分と同じ想いをさせたい、傷つけたいという、復讐心もわいてくるかもしれません。

そもそも、そこまで許せないと思うほど、あなたの心は深いダメージを受けているのです。

必要なのは、まず心に傷を負った自分を、大切に慈しみ、傷を癒やすことです。

安心できる環境で、当時を振り返り、気持ちを、できるだけ素直に声に出したり、書き出してみるのです。

「悔しい」「悲しい」「辛い」「仕返ししたい」と思うままに、言葉にしてみま

傷を負った自分に寄り添い、
優しい言葉をかけることも必要。

す。そして、泣きたいだけ泣き、言いたくても言えなかったことを、相手がそこにいるイメージをしながら、言ってみるのです。

「辛かったね」「わかってほしかったんだね」「あんなことをされたなら、許せなくて当然」「もう気持ちを抑えなくていいよ」「我慢せず、泣いたらいい」

そうやって自分に寄り添い、優しい言葉をかけていきます。

「相手を許せない」人は、「許せない自分」のことも責めて苦しんでいることもあります。「許さなくては」「許せない自分は心が狭い」と、自分を追い込んでしまっては、心の傷は悪化する一方。

自分の傷が癒える前に、無理に相手を許さなくてもいいのです。傷が癒えれば、自然と相手のことも忘れていきます。

あなたの心が癒やされて初めて、人のことも許せるようになるのです。

また心が落ち着いてきたら、**「誰が許せない」**ではなく、**「何が許せないか」**に意識を向けてみましょう。そこにあなたが向き合うべき課題が眠っていることもありますから。

6章

自然と豊かな人生を
引き寄せる習慣

何も足さずに、毎日をていねいに
生きること

幸運の流れに乗るシンプルなコツ
～100%以上になろうとしない～

運の流れに乗るコツはシンプルです。

それは「いつも100%でいること」。


「100%で生きる」ってどんなイメージがありますか?

「必死になって、とにかくがんばる」

「どんな時も、自分の持っている力をすべて出しきる」

そんな風に思われる方もいるかもしれません。


ここでいう100%は、「あなたが自然体でいられて、心地よい状態」のことです。

あなたの状態に応じて、瞬間瞬間、100%の状態は変わっていきます。
・何かに夢中になり、時間がたつのも忘れるくらい没頭している時

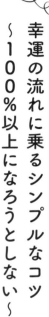

・「あれもこれもやってみたい！」とエネルギッシュな時
それがその時の１００％です。

体調不良や気分が乗らない時、前に進みたくても進めない時、モチベーションが上がらない時は、それがその時の１００％です。

「疲れたなぁ。でもこんなことで休んじゃいけない」と、無理に背伸びしなくてもいい。

「あの時はできたのに、なんで今はできないんだろう」「みんなはもっとがんばっている」

そんな風に焦らなくていいんです。

あなた自身が「心地よい」と感じる状態こそが、その時の１００％なのです。

人は同じテンションで、いつもがんばり続けるようにはできていません。

にもかかわらず、いつもと同じように、がんばろうとするから、苦しくなってしまうのです。

たとえば、木々が紅葉している秋。この時期に、春と同じように新芽を出そうと、どんなにがんばっても、芽は出ません。真っ暗な夜に、朝と同じような明るさであたりを照らそうとするのも、無理なこと。

その時の「心地よい状態」、その時の「１００％の状態」を大切に生きていると、いい意味で力が抜けて、自然界のエネルギーに調和しやすくなります。すると、あなたが本来持っている潜在的な力も、引き出されやすくなっていくのです。

だから、いつも、がんばりすぎないほうがいいのです。

大切なのは、いつも心の声に耳をすませ、問いかけてみること。

「今、１００％？」って。

それが幸運の流れに乗るちょっとしたコツです。

自然と豊かな人生を引き寄せる問い

グループメンタリングに参加されたCちゃんから、こんなメッセージをいただきました。


「一度きりの人生、もっと輝いてみたい」

それだけの想いで、参加を決めましたが、結果、本当によかったです。

教えていただいた「自然に豊かさを引き寄せる問い」も毎日繰り返しました。

そのままの自分を認める大切さを、実感しました。

今の私は、「自分を生きている」という実感にあふれ、自信を持っています。**仕事も住んでいる場所も家族も何も変わっていません。でも周りのみんなが優しくなり、毎日が楽しくなりました。**

不思議ですよね。あれだけ自分や人生を変えたくて参加したのに、「今はそのままも悪くない。どっちもいい」と言えるようになり、本当に楽になりました。問題がすべて解決したわけではないですが、今の私なら、その都度、正直に自分と向き合い、乗り越えていけると思います。

幸せになりたいと思ったら、「何かを変えよう」とか「何かを得よう」（足し算しよう）とか、思いがちです。でも「何か」に頼りたくなるそのベースにあるのは、「今のままではいけない」という自己否定です。

「今の自分ではいけない」「そのままだと、認めてもらえない」「自分には、愛される価値がない」

だから、「もっと学んで、資格を取らないと」「がんばって、成長しないと」「もっと成果や結果を出さないと」「もっと役に立たないと」「人に嫌な思いをさせないよう、気配りしないと」と、ついがんばりすぎてしまう。

でも自己否定の上に何かを積み上げ、足し算しても、苦しさはそのままです。Cちゃんは人生のベースが、とてもニュートラルに変わりました。幸せになるために、モノを手に入れようとしたり、何かに依存したり頼ったりするわけではなく、Cちゃん自身に**「幸せの源」**があることに気づいたからです。

グループメンタリングで扱う、あなた自身に眠る「幸せの源」を引き出す問いをご紹介します。

【自然と豊かな人生を引き寄せる問い】

・今、あなたの人生で、恵まれていることは何だろう?
・今、感謝できることは何だろう?
・あなたの素晴らしいところはどこだろう?
・あなたの素晴らしさが、周りにどんな影響を与えているだろう?
・そこに意識を向けると、どんな気持ちがわいてくるだろう?
・あなたが愛おしいと想う人、大切に想う人は誰だろう?
・その人を思い浮かべると、どんな想いになるだろう?
・今日を最高の一日にするために、具体的に意識することは何だろう?

ほんの数分でＯＫです。繰り返すことで、自然と豊かな人生を引き寄せる力がついてきますから。不思議なことに「何もなくても大丈夫」「私は守られている」という安心感が育ち、だんだん心も満たされていきます。

なぜなら、よく見つめてみれば、当たり前の日常には、うまくいっていること、恵まれていることのほうが、はるかに多いからです。三食おいしくいただけること、雨風をしのげるおうちがあること、一緒に過ごせる家族や友人がいること。そんな「恵まれていること」に心を向ければ、まったく違う人生に変わっていきます。

感謝することが、幸せそのもの

「幸せだから感謝する」や「感謝するから幸せになれる」という風に「原因と結果」のように捉える人がいます。でも実は **「感謝」と「幸せ」は同時期に起こります。「感謝」している今が、「幸せ」そのものなのです。**

今、幸せや感謝を感じていると、金太郎アメのように、人生のどこを切り取っても、「幸せと感謝」です。一方「いつかの幸せのために」がんばり続けても、今が不安や不満なら、ストローみたいに空っぽなのです。

幸せや感謝を感じることとは、**「今、起きているすべてを肯定する」**ということです。ですから、「幸せや感謝を感じる気持ち」には、現実を大きく変える力がありま す。問題を抱えたり、不安がある時こそ、感謝の気持ちを、全身で感じていくこと。感謝すると「今」が変わります。その先に続く未来も自然と変わっていくのです。

また幸せは、絶対的なものではなく、そもそも相対的なものです。冬の寒さがあるから、春の暖かさに幸せを感じるのです。夜明け前が暗いから、朝の光が心にしみます。いつも春だと、「平凡」「当たり前」になってしまい、幸せを感じにくくなっていきます。

「不幸」がないと「幸せ」は感じにくいのです。

同じく問題も、「相対的なもの」です。問題と捉えるから問題になるだけで、それ

より大きな出来事が起きると、一瞬で、どうでもいいことに変わったりします。

たとえば、「仕事がつまらない」「人間関係が辛い」と日々、悩んでいたとします。毎日、職場に行くのがしんどい。でも、それなりに安定しているから、いきなりやめることはできない。でも、辛い……そんなある日突然、家が火事で全焼したり、災害に巻き込まれたりすると、生かされていること自体がありがたく思え、それまでの悩みがとても小さく見えてきます。

「平凡な毎日だとつまらないな〜」と思っていると、日々の幸せに気づけるよう、潜在意識はあえて問題を起こすのです。

日々、幸せや感謝を感じていると、問題は起きにくくなっていきます。

幸せになろうとしなくても、あなたはすでに幸せなのです。その連続が未来をつくります。

束縛があるからこそ、私は飛べるのだ。
悲しみがあるからこそ、私は高く舞い上がれるのだ。
逆境があるからこそ、私は走れるのだ。
涙があるからこそ、私は前に進めるのだ。

（ガンジー）

いきづまったら、宇宙に想いをはせてみる

ものごとがスムーズにいかない時は、「なんとかしよう」と、力んでしまい、かえって空回りしやすいものです。いきづまりを感じた時には、まったく違うことへ意識を向けてみましょう。

宇宙や大自然（空の星や海、森）に想いをはせてみること。ほんの数分、イメージするだけでもいいのです。

自然はシンプルなサイクルで、回っています。春には花が咲き、秋には散り、枯れていきます。私たちもそんな大自然の一員です。

大きな宇宙の中に、自分が浮かんでいる姿を、イメージしてみてください。

広大な宇宙の中では、誰もがちっぽけな存在です。地球ですら、太陽系全質量の0・1％にも満たないのです。その地球でも色々なことが起きていますが、宇宙規模でみれば、ささいなことにすぎません。

そうやって、視野を広げてみると、あなたが今、どんなに大きな問題を抱えていたとしても、きっと過去の誰かも同じような問題を抱え、乗り越えてきたということに、気づくはず。解決できないことはないのです。

あなたの人生全体で考えてみても、今の時点は、ほんの一部です。先が見えないから、不安になっているだけで、たとえ今、うまくいかなくても、いずれ流れは変わります。あなたがそう決めると、それにふさわしい流れができていきます。

顔を上に向け、両腕を広げ、「ありがとう、いつも守ってくれて」と宇宙や空に言ってみてください。落ち込んでいる時にこそ、効果的です。なんとなく、天につながる感じがしませんか？

あなたはこの広い宇宙の一部であり、どんな時も守られているのです。

考えても答えが出ない時は、しばらくそのままにして、様子を見ることです。無理に結論を急がず、その分、こうやって心をリセットし、シンプルに整えることです。心を開放して充電することで、心にゆとりが戻ってきます。

心に余白をつくると、時間の経過とともに、思わぬ変化が起きたり、思いもかけない解決策が出てくることもあるのです。いきづまった思考がリフレッシュされ、新たなアイディアがわいてくることもあります。

幸せは、余白に訪れるのです。

うまくいかないことや、
思い通りにならないことがあっても、
結局、宇宙は、完璧な流れで、
すべてを整えてくれています。
うまくいかない流れも含め、すべて
「天の采配《さいはい》」です。
どんな時も、最高に幸せな道は、

いつだって用意されています。

つまずくことだって、宇宙の大きなはからいのひとつ。

だから焦らなくていい。安心して、ゆだねて大丈夫。

「ここではないどこか」を探してしまう人へ

「自分探し」という言葉がはやった時期もありました。

「ここは自分がいるべき場所ではない気がする」

「もっと輝ける場所がどこかにあるはず。そこに行けばもっと幸せになれる」

「本当にやりたかった仕事とは違う」「ここは希望した部署じゃない」

「毎日、育児だけで追われていく日々が虚しい」

それなりに恵まれているはずなのに、仕事でも家庭でも、満たされない今を感じる人はいます。

やりたいことや居場所を探したいなら、「今のあなた」がすべての始まりです。どこか遠くに、理想を求めるのではなく、今の場所からまず、始めてみることです。

人は誰もが使命を持っていて、その人が輝ける居場所が必ずあります。起こることはすべて使命につながっています。ということは、「新しいどこか」ではなく、「過去の何か」にヒントを探したほうが早いのです。これまでに、大好きだったこと、心がときめいてワクワクしたこと、時間がたつのを忘れるほど没頭したこと、穏やかな幸せを感じられたこと。そうしたことを今一度、思い返してみてください。そこにヒントがあるはずです。

そういえば…

・絵を描いている時は、時間がたつのも忘れるほど、夢中だった

↓絵にかぎらず、何かを「創造する」のは好きだったかも

・ピアノが大好きだった↓音に合わせ、体で表現するのは楽しい♪

・中学生の頃は、部活でマネージャーをしていた

↓誰かの面倒を見るのは好きかも

気になることや興味あることが思い浮かんだら、まず小さいことでいいので「行動」してみてください。進む方向性が合っているかどうかは、実際にやってみた時の感覚でわかります。「しっくりくる」のか、「違うという違和感」なのか。その時の感覚や気持ちを軸に、軌道修正を続けることで、やがて本来の居場所に近づいていきます。

最初から、いきなり本命にたどりつこうとしなくていいのです。パリに行きたいの

に、たどりつく方法が具体的にわからない場合。家の玄関を開ければ、そこがいきなりパリということは、ありえません。できるのはまず、家を出て、歩いてみること。家を出れば、人に道を聞くこともできます。駅に着けば、電車が走っているので、乗ることもできます。「徒歩」から「電車」と、手段もパワーアップしていきます。どんどん空港へ、パリへ近づいていきます。

動かず家にいて、どんなに強く「パリ」をイメージしても、パリはあなたのもとにはやって来ません。まず、思いつくことをひとつひとつやってみることです。焦らずに、目の前にある小さな階段を1段ずつ。

避けたいのは、動き出さずに、いつまでも考え続けていること。いくら頭で考えても、見つからないものです。

手に入れたものは循環させていく

情報、知識、エネルギー、お金、時間。手に入ったものは、生きているうちに、周りとわかちあい、循環させていく。すると、豊かさの連鎖が動き出し、ますます豊かに幸せになっていく。

この大切さを、背中で教えてくれたのは、私の母でした。我が家は、ごく普通のサラリーマン家庭。ただ、私が物心ついた小さな頃から、母はいつも、「いただいたものは、周りにおすそ分け」「お世話になっている人には、気持ち（お礼）をお払いする」のが当たり前でした。

・おいしそうな大きなイチゴをいただくと、半分は我が家で、半分はご近所さんへ
・いつも宅配でていねいに対応してくれるおじさんには、年始に気持ちばかりのお年玉を

・親切なタクシーの運転手さんなら、小銭は差し上げる
・お得情報や、おいしいお店がわかると、すぐに周りに教える

決して、大きな額ではなく、無理のない範囲で。

そんな母を側で見ていて、「そこまでしなくても！」と思うこともありましたが、次第に、自然の法則に気づき始めました。差し上げたイチゴやミカン以上の量を、ちゃんと別のところからいただくのです。「ミカンをあげたら、倍になって返ってきた♪」ということは日常茶飯事です。我が家には、いつもいただきもののお菓子やお惣菜などがあります。困ると必ず、周りの人が助けてくれます。必要な情報は、いつも、ベストタイミングで入ってきます。

たとえるなら、母は、おっとりした草食タイプです。でも、手元にある「草」を、損得勘定なしに、惜しみなく、周りとわかちあうのです。気づけば、色々な人が、母のところへ「草」を運んできてくれるため、母は自分で集めなくても、囲わなくて

も、母の倉庫には、「草」がいっぱい。そんな軽やかで、豊かな人生を歩いています。一部だけを見れば強運の持ち主ですが、過去にまいたタネを、そのまま刈り取っているだけなのです。

また、自宅で絵画教室を開いている友人が、こんな話をしてくれました。

「お教室に、お菓子の差し入れをしてくださる方が本当に多いの。受講費をいただいているので、最初は、申し訳ないと思っていたんだけど…よくよく見ていると、喜んで、差し入れしてくださる方の人生って、ますます幸せになっていくの。出したら入ってくるって、本当だよね。だから今は、ありがたくいただくことにしたの。あぁ、この人の未来は、安泰だなぁって内心思いながら（笑）」と。

豊かな気持ちで、出していると、あなたにとって必要なタイミングで、必要なものがちゃんと返ってきます。求めなくても。

幸せのお手本なんて、必要ない

「結婚さえできたら」

「好きなことで、お金が得られたら」

「あとは、子供がほしいなぁ」

ある同窓会で、みんながそれぞれの悩みをつぶやいたそうです。


多様化する生き方の中でも、やはりまだ「これが幸せ」という生き方のお手本があるようです。「何かの条件を満たせれば幸せ」「あれが手に入れば幸せ」。そんな風に、幸せの頂点を目指して進んでいくと、終わりなき、無限のループにはまっていきます。

足りない何かを埋め、得られたとしても、3年後には、また違うものを望んでいるのではないでしょうか？　手に入れたものには、慣れてしまうので、次の幸せ探しが、永遠に続きます。

女優の山口智子さんが、こんなことを語られています。

「私はずっと、子供を産んで育てる人生ではない、別の人生を望んでいました。（中略）人それぞれ、いろんな選択があっていいはず。もちろん、子供を持って初めてわかる感動もあると思います。実際に産んでみないとわからないことだと思うけれど。でも私は、自分の選択に微塵の後悔もないです。夫としっかり向き合って、二人の関係を築いていく人生は、本当に幸せです」（『ＦＲａＵ』講談社・２０１６年３月号）

シンプルに生きるとは、あなたの幸せに必要なものを見極め、心地よいものだけを残すことです。世間一般に合わせるのではなく。

「幸せのお手本」にとらわれずに、自由に生きていると、色々なことを言う人もいるでしょう。それでも、人のためでなく、あなたが納得する人生を生きること。そして、「新しく、何を得るか」ではなく、「今をどう生きるか」です。

人生には、手放すことでしか、開かれない扉があります。

「そのままでいい」「今の自分で幸せなんだ」と気づき、握りしめた手を開いた時、次の扉は自然と開くようになっています。

その時、人は内から輝きます。どんな花や宝石よりも美しく。

人生において、本当に大切なもの

最後に、私の好きな言葉をご紹介します。ボブ・ムーアヘッド牧師の説教（一部抜粋、意訳）です。人生において本当に大切なものは何なのか、気づかせてくれる言葉です。

「この時代に生きている　私たちの矛盾」

ビルは空高くそびえているが　人の気は短くなり
高速道路は広くなったが　人の視野は狭くなり
お金は使っているが　手にしたものは少なく
たくさんものを買っているが　楽しみは減っている

家は大きくなったが　家族の形は小さくなり
より便利になったが　時間は前よりもない

学のある人は増えたが　良識のある人は少ない
専門家は大勢いるが　問題は増えている
薬も増えたが　健康状態は悪くなっている
飲みすぎ　吸いすぎ　浪費は増え
笑顔が少ないのに　すぐに怒る

夜更《ふ》かしをしすぎて　目覚めた時はもう疲れている
テレビは長く見るが、祈る時間はほとんどない

持ち物は増えているが　自分の価値は下がっている
しゃべりすぎるが　相手と深くつながらず　憎むことが増えた
生計を立てるすべは学んだが　人生は学んではいない
長生きするようになったが　本当の意味で　今を生きていない
月までたどり着けるのに　近所同士の争いは絶えない

（中略）

たくさん書いても　学んだことは少ない
計画は増えたが　成し遂げられていない
急ぐことは学んだが　待つことは覚えず
情報を知るための多くのコンピュータがあるのに
コミュニケーションはどんどん減っている

ファースト・フードで消化は遅く
体は大きいが　人格は小さく
利益に没頭し　人間関係は軽薄になっている
世界平和の時代といわれるのに　家族の争いは絶えず
レジャーは増えても　楽しみは少なく
たくさんの食べ物に恵まれても　栄養は少ない

夫婦でかせいでも　離婚も増え
家はよくなったが　家庭は壊れている

（中略）

忘れないで　愛する人とともに過ごす時間を
なぜなら　その時は永遠には続かないのだから
忘れないで　あなたを見上げる子に　優しい言葉をかけることを
なぜなら彼らは　大きくなり　いずれあなたのもとを去っていくのだから

忘れないで　すぐそばにいる人を抱きしめることを
あなたが心から与えられる唯一の宝物には　1円もかからない
忘れないで　もう逢えないかもしれない人の手を握り
その時間を慈しむことを
愛し　話し　あなたの心の中にあるかけがえのない思いをわかちあおう
人生はどれだけ呼吸をし続けてきたかで決まるのではない
どれだけ心のふるえる瞬間があるかだ

あとがき　何かひとつを手放すと、ずっといいものが入ってくる

最後までおつきあいくださり、ありがとうございました。
この本でお伝えしてきた大切なことは、何かを「足す」のではなく、「引く」意識に変えるということです。

あれもこれもではなく、「今のあなたの感覚」に本当に合うものだけ残して、あとはいさぎよく、手放していくのです。
もちろん、恐れや不安は伴うはずです。でも、人に対していい顔をして無理したり、不安で手を握りしめていたら、あなたの軸がずれていきます。

私は、人生は「実験」だと思って色々試します。最近、手放す時は、「恐る恐る」が90％、「すっきりするだろうなぁ」という期待は10％くらいです。

たとえば、

・安定しているけれど、マンネリを感じるようになった仕事
・おつきあいしておくと「得」だろうけれど、気が乗らない集まり
・「随分前に約束したので、行かなくてはいけない」だろうけれど、違和感ある約束
・たくさんの時間とお金を費やして得た情報や知識

もちろん、手放す際には、葛藤があります。

でも恐る恐る手放してみると、不思議と、それ以上のものがちゃんと巡ってきます。

・「会いたい」と思う人からはタイムリーに連絡が入り、延期したいお約束は向こうからお断りのメールが。
・気になっていたミュージカルのチケットをプレゼントしていただいたのですが、その公演日は、まさに久しぶりのお休み。
・「こんなことをしてみたい」と漠然と思っていたら、ピッタリのお仕事のオファー

が！

そんな風に、直感もさえ、願うことが、すんなり自分のもとに流れてくるようになったのです。

何より、身軽になったことで、幸せと感じることが増えました。

ゆったりお散歩して、ひなたぼっこしていると、もうこれ以上の幸せはないと感じる時があります。キャリアを積み上げようと焦ったり、周りにこびたりしなくても。

そう、何より変わるのは、手放すことで、シンプルな幸せが増していくのです。

「嫌われない安心感」「一時的な得（メリット）」「もったいなさ」「安定」と引き換えに、心に合わないことをしていると、直感もどんどんブレていきます。

「手放すと二度と入ってこない」ではなく、「合わないものを手放すと、もっといいものがやってくる」のです。しかも、余白に降りてくるのは、今のあなたにピッタり、しっくりくることばかり。

本当の幸せや喜びは、安らぎに近い感覚で、内からわいてくるものです。

そんなに毎日、「すごいこと」「ワクワクすること」「充実感」ばかり、集めようとしなくていいのです。忙しすぎると、どんな素晴らしいことも、楽しめなくなっていきます。退屈やマンネリを感じる時こそ、当たり前の日常を、「特別な日」のようにていねいに生きること。今、ここが幸せならそれでいいのです。

シンプルになるほど、心の感度は上がり、豊かさや幸せを感じやすくなります。

幸せは、幸せを感じている人のもとに、より集まってくるようになっています。

あなたの人生が、あふれる幸運に包まれていきますように。

「いつかどこかで、あなたにお会いできますように。

心からの感謝を込めて」

読んでくださった皆様への限定特典

最後まで読んでくださり、ありがとうございました。


読んでくださった皆様に、感謝をこめて、ページ数の関係で本書に載せられなかった「幻のメッセージ」を無料プレゼントしています。

よかったら今すぐアクセスしてみてください！

http://www.suzuki-manami.com/bookcamp2016.html

または「鈴木真奈美公式ホームページ」で検索してください。

〈著者略歴〉

鈴木真奈美（すずき・まなみ）

株式会社地球ファミリー代表。上智大学ドイツ文学科卒業。大手メーカーにて、役員秘書やコンサルティング部門で幹部対象のコーチング及び研修を担当。たくさんの経営トップから成功哲学を徹底的に学び、「成功し続ける人の共通点」に気づく。

世界トップレベルの師に師事し、コーチング、リーダーシップ、心理学、ＮＬＰ、ヒーリング等を学び、その後、独立。

すべての人に眠っている「使命」や「魅力」を引き出すことをライフワークとしている。

これまでの研究を適用し、多方面のクライアント（アスリート・タレント・経営者、省庁、自治体、学校法人、医療法人など）に対し、個人と組織の変化をサポート。口コミで広がった個人セッションの予約は1800人待ち。セミナーやグループメンタリングは、毎回抽選になるほど、応募が殺到する。

著書に、『「自分磨き」はもう卒業！ がんばらずにぐんぐん幸運を引き寄せる方法』『もう周りにふり回されない！ 自分史上最高の幸せを呼びこむ方法』（以上、PHP研究所）、『「私に生まれてきてよかった」と心から思える本 あなたはあなたのままでいい！ 本来の自分に還る言葉』（KADOKAWA）がある。

ICF国際コーチ連盟プロフェッショナル認定コーチ（PCC）。

ブログ：http://ameblo.jp/always-smile0720/

フェイスブック：https://www.facebook.com/manami25

メルマガ：https://55auto.biz/manami/touroku/entryform2.htm

ホームページ：http://www.suzuki-manami.com

幸せな人だけが知っている、シンプルな生き方
幸運は、余白に訪れる

2016年4月7日　第1版第1刷発行

著　者　鈴木真奈美
発行者　安藤卓
発行所　株式会社ＰＨＰ研究所
京都本部　〒601-8411　京都市南区西九条北ノ内町11
文芸教養出版部　☎075-681-5514（編集）
東京本部　〒135-8137　江東区豊洲5-6-52
普及一部　☎03-3520-9630（販売）
PHP INTERFACE　http://www.php.co.jp/
組　版　朝日メディアインターナショナル株式会社
印刷所
製本所　凸版印刷株式会社

ISBN978-4-569-82909-8